Erik Lehnert

Finalität als Naturdetermination

Zur Naturteleologie
bei Teilhard de Chardin

Erik Lehnert

FINALITÄT ALS NATURDETERMINATION

Zur Naturteleologie bei Teilhard de Chardin

ibidem-Verlag
Stuttgart

Die Deutsche Bibliothek - CIP-Einheitsaufnahme:

Ein Titeldatensatz für diese Publikation ist bei
Der Deutschen Bibliothek erhältlich

∞

Gedruckt auf alterungsbeständigem, säurefreien Papier
Printed on acid-free paper

ISBN: 3-89821-173-8

Printed in Germany

für Sara

Inhalt

VORBEMERKUNG

Eines der ursprünglichen elementaren und darum durchgehenden Probleme der Philosophie soll im Mittelpunkt dieser Arbeit stehen: die Teleologie im Allgemeinen und die Naturteleologie im Speziellen. Durch den an Mechanik, Optik und Astronomie orientierten mechanischen Determinismus der Naturwissenschaften und Philosophie im 17. und 18. Jh. wurde die teleologische Naturbetrachtung zurückgedrängt. Doch stellt sich die Frage einer komplexen Determinationsstruktur angesichts der heutigen Situation, der ökologischen Krise, neu. Daß das mangelhafte ökologische Bewußtsein seinen Grund in einer unvollkommenen kategorialen Analyse des Naturbegriffs hat, erkannte Pierre Teilhard de Chardin sehr früh.

Teilhard ist "[...] ein im Christentum beheimateter Naturforscher, der es wagt, die fachlichen Grenzen der Wissenschaften zu überschreiten und den Menschen wirklich im Ganzen des Seienden zu bedenken. Darum ist er philosophisch ernstzunehmen, auch wenn es sich herausstellen sollte, daß er über die wissenschaftlichen, philosophischen und theologischen Schwierigkeiten allzu großzügig, eilig und elegant hinweggeht."[1] Die Beachtung in der Philosophie, die er gefunden hat, war, gemessen an seiner Popularität in den 60er und 70er Jahren des 20. Jhs. als Mystiker, Optimist und Überwinder des Gegensatzes von wissenschaftlicher Weltanschauung und christlichem Glauben, bislang nur gering. Obwohl seit dem Erscheinen der Gesamtausgabe seiner Werke, Tagebücher und Briefe (frz. 1955-1976, dt. 1959-1990) die Möglichkeit der Beschäftigung mit ihm auch in philosophischer Hinsicht bestand, haben davon nur wenige Gebrauch gemacht.[2] So ist Teilhard fast vergessen und bis heute nicht genügend in die abendländische Tradition des teleologischen Denkens eingeordnet.

Die nachfolgende Arbeit will Teilhard als einflußreichen Vertreter der Naturteleologie, in der aristotelischen Tradition stehend, zeigen. Die Untersuchung bezieht sich vor allem auf sein naturphilosophisches Werk. Das aus zwei Gründen: Zum einen stehen Teilhards Überlegungen der Gegenwart nahe genug, um auf die heutige Dimension des Mensch-Natur-Verhältnisses anwendbar zu sein. Zum anderen gibt es zu dem Aspekt der Naturteleologie in seinem Denken nur kleinere Arbeiten[3], abgesehen von einer ausgezeichneten Monographie über Teilhard und Henri Bergson[4]. Dazu werden nach einigen einleitenden Überlegungen zur Naturphilosophie die Teleologie des Aristoteles beschrieben, das teleologische Prinzip mit einem Exkurs zu Hegel definiert und schließlich die Finalität als Naturdetermination bei Teilhard ausführlich erörtert. Die theologischen und kulturgeschichtlichen Aspekte des Teilhardschen Weltbildes müssen dabei zurücktreten.

Vielleicht bringt ein Gedanke Pascals Teilhards Grundansicht auf den Punkt: "Es ist unmöglich, daß Gott das Ziel aller Dinge sei, wenn er nicht ihr Ursprung ist. Wir heben unsere Augen nach der Höhe, aber stützen uns auf die Erde; wenn diese versinkt, versinken wir mit ihr, trotz unseres Blickes nach dem Himmel."[5]

A. Überlegungen zur Naturphilosophie

1. Die Bedeutung des philosophischen Naturbegriffs in der Gegenwart

Die Zeiten der "Ökohysterie" sind vorbei, und die Phase der Entlarvung der "Ökoirrtümer" und des "Ökoschwindels" hat seit Mitte der 90er Jahre begonnen. Ozonloch und Erderwärmung werden nicht mehr so dramatisch interpretiert. Die Prophezeiungen des "Club of Rome", die ein relativ schnelles Ende unserer technischen Zivilisation voraussagten, haben sich bisher nicht erfüllt.[6] Deshalb herrscht ein neuer Optimismus, der, obwohl die Belastungen denen Mensch und Natur ausgeliefert sind, nur unwesentlich verringert wurden, auf ein langsames oder gar kein Ende hofft. Zumeist spielt hier die Überzeugung, daß man die Umweltprobleme mit Verbesserung der Technik in den Griff bekommt, eine große Rolle. Eine durchaus begründete Hoffnung, wenn man die Erholung der Landschaften in den neuen Bundesländern bedenkt. So werden jedoch nur die Symptome im eigenen Land gemildert. Die Grundlage der Zivilisation bleibt weiterhin der globale Raubbau an der Natur.[7]

Die Bedeutung des philosophischen Naturbegriffs in der Gegenwart besteht zunächst einmal darin, das Verhältnis des Menschen zur Natur zu klären, bzw. es vor dem Hintergrund unserer Zivilisationsprobleme neu zu bestimmen. In allen Epochen war "Natur" die Projektion des Selbstverständnisses der Gesellschaft. Durch die Technisierung des Verhältnisses von Mensch und Natur, insbesondere durch das ökologische Problem, stellt sich die Frage der Naturphilosophie neu. In Anbetracht dessen sollte die Aufgabe der Naturphilosophie darin bestehen, eine grundlegend neue Symbiose zwischen Mensch und Natur herbeizuführen. Der Konflikt zwischen Mensch und Natur legitimiert das Denken Teilhards, da es ihm auf dessen Lösung ankommt. Wenn man wie Teilhard nach Wert und Ziel der Natur fragt, hat man das Problem auf den Punkt gebracht, welches in diesem Ausmaß ein neuzeitliches ist, und das seit der Industrialisierung und insbesondere seit der endgültigen Herausbildung der Massengesellschaft um die letzte Jahrhundertwende sowie dem ersten Weltkrieg virulent geworden ist. Die Romantik war ein erster Gegenentwurf, der bis heute für Aussteiger reizvoll ist. Darin gilt: "Der Mensch und die Natur bekämpfen einander nicht, sie geben einander recht, sie treten nicht in Wettbewerb, laufen nicht um die Wette irgendeinem Vorteil nach, sie gehen Hand und Hand."[8] Romantik ändert in der Regel nichts am Bestehenden, sondern flieht aus ihm. Deshalb ist ein romantischer Naturbegriff keine Lösung, die den Widerspruch der Industriezivilisation aufheben kann. Teilhard ist kein Romantiker sondern ein realistisch und naturwissenschaftlich denkender Mensch. Das Hinterfragen der menschlichen Tätigkeit an der Natur beginnt erst, als die Probleme Ende des 19. Jh. drängend werden: Umweltverschmutzung, Landflucht, Bevölkerungswachstum. Seitdem hat sich die ökologische Krise durch die Globalisierung verschärft.[9] Doch die eigentliche Aufgabe der Naturphilosophie kann nicht die Umweltverschmutzung sein, sondern deren Ursache: das Verhältnis des Menschen zur Natur.[10] So muß ein aktueller philosophischer Naturbegriff einhergehen mit einer neuen Lehre vom Menschen.

Die Gegenwart ist von zwei grundsätzlichen Tendenzen bezüglich der Natur gekennzeichnet. Zum einen haben die naturwissenschaftlichen Fortschritte die Beherrschbarkeit der Natur durch den Menschen in ökonomischer Hinsicht enorm erhöht. Zum anderen hat diese Entwicklung eine Kehrseite. Die Erkenntnisse bergen das Risiko der Katastrophe durch Unachtsamkeit, Böswilligkeit oder durch schlichtes Überschätzen der Kontrollierbarkeit von Natur. Diese Differenz zwischen Beherrschbarkeit und Eigendynamik bedeutet die Sinnfrage für die Naturwissenschaften. Die mannigfaltigen Ausprägungen des Naturbegriffs in der Gegenwart sollten nicht über diese grundsätzliche Bestimmung hinwegtäuschen. Die ungeahnten Fortschritte auf dem Gebiet der Naturwissenschaften brachten Defizite hervor, die naturwissenschaftlich nicht zu beheben sind. Auch der Rückbezug auf Aristoteles ist in diesem Zusammenhang zu sehen, da die "Zertrümmerung des vierdimensionalen Gefüges der Gründe [...] unmittelbar die durch diese Wissenschaft ausgelöste Zerstörung der Natur" erklärt.[11]

2. Der systematische Ort

Welche Stellung nimmt die Naturphilosophie im System der Philosophie ein? Die Antwort ergibt sich aus der Grundfrage der Naturphilosophie: Was ist Natur? Über alles, was unter den Begriff Natur fällt, muß die Naturphilosophie reflektieren. Vor der Renaissance, im Altertum und dem Mittelalter bezeichnete Natur die "Gesamtheit der das Universum lenkenden Gesetze"[12]. Es konnte auch das Wesen, den Charakter einer Sache meinen. Mit der "Mechanisierung des Weltbildes" (Dijksterhuis) seit dem 17. Jh. wurde der Naturbegriff auf eine experimentelle Basis gestellt. Seitdem bedeutet Naturwissenschaft, i.S. der verstärkten Nutzung der Rohstoffe durch Anwendung der erforschten Naturgesetze, Macht.[13] Heute wird alltagspraktisch unter Natur die Umwelt des Menschen verstanden, die man anschauen und in der man sich beispielsweise erholen kann. Allen Epochen ist gemein, daß sie die Natur als vorgefundene, vom Menschen nicht geschaffene Wirklichkeit betrachten, die im Laufe der Geschichte immer stärker für gesellschaftliche Zwecke umgebildet wurde.[14] Da kein Mensch die Natur ganz überschauen kann, haben sich die Naturwissenschaften so stark spezialisiert, daß es keine Metawissenschaft der Natur mehr gibt, die all dies zusammenfaßt. Deshalb ist Chargaff der Auffassung, "daß es heutzutage keine Naturphilosophie geben kann".[15] Diese war in der Vergangenheit metaphysisch orientiert, als philosophische Reflexion auf die Natur, deren Ursprung, Stellung in der Wirklichkeit, Struktur und Ordnung. Sie wollte eine Naturerklärung aus den "letzten" Gründen.[16] Heute kommt ihr die Aufgabe zu, den Überblick zu wahren und die Erkenntnisse in ein angemessenes Verhältnis zum Menschen zu bringen.

Die Stellung der Naturphilosophie im System der Philosophie ist eine grundlegende. Naturphilosophie ist zugleich Kosmologie (Sein im Ganzen), Biologie (Organisches) und Anthropologie (Mensch). Die Frage "Was ist Natur?" ist wesentlich eine ontologische Frage. Eine Frage nach dem Sein. Bei Aristoteles sind Theologie und Ontologie vereint, da Gott der Grund alles Seienden ist. Wie oben angedeutet, gehört zum Ziel der Naturphilosophie, eine Kosmologie und Kosmogonie zu entwerfen. Das setzt die Kenntnis der anorganischen und organischen Natur voraus. Die Aufgabe der modernen Naturphilosophie könnte deshalb, im Sinne der synthetisierenden Vernunft, die Konstruktion eines einheitlichen Weltbildes sowie die Beantwortung von Fragen, welche die Einzelwissenschaften nicht beantworten können, sein.[17] Der systematische Ort des Problems des Organischen selbst ist ein ausgezeichneter. Die Biologie liegt am Schnittpunkt der Naturwissenschaften und hängt eng mit der Philosophie, der Ontologie und Kosmologie zusammen. "Aber noch in einer ganz anderen Hinsicht wird die Problematik des Organischen relevant, nämlich für die gnoseologische Fragestellung."[18] Genauer formuliert: wegen der Frage von Kausalität oder Finalität als bestimmendes Prinzip außerhalb des menschlichen Geistes. Die heutige Naturwissenschaft hat diesen Zusammenhang ausgeblendet. An das Problem des Organischen schließt sich das des Menschen an, welches die Anthropologie behandelt. Der Mensch ist als ein natürlicher Organismus durchaus Teil der Natur und kann so auch unter naturphilosophischen Aspekten betrachtet werden. Es wäre dann zu fragen: Was ist Mensch und was ist sein kosmologischer Ort? Die Frage einer Geistphilosophie stellt sich erst nach der Naturphilosophie.

3. Aristoteles und Teilhard de Chardin

Die Auseinandersetzung mit dem Naturbegriff ist für das Selbstverständnis des Menschen von immenser Bedeutung, da dieser über seine Stellung zum Sein und somit über seine Verantwortung für das Sein entscheidet. Deshalb soll Teilhard de Chardin, der Paläontologe und damit exakter Naturforscher war, als Beispiel einer Vermittlung von Naturwissenschaft und Naturphilosophie im folgenden ausführlich besprochen werden.

Aristoteles und Teilhard sind zweifellos Klassiker der Naturphilosophie.[19] Aus ihrer jeweiligen Zeit heraus haben beide versucht, eine metaphysische Deutung der empirischen Naturforschung zu liefern. Sie haben im Gegensatz zu vielen anderen Denkern, der Naturteleologie eine zentrale Rolle in ihren naturphilosophischen

Überlegungen zugewiesen. Wenn Aristoteles der Begründer der wissenschaftlichen Teleologie ist, so ist Teilhard zwar nicht deren Vollender, wohl aber ein vorläufiger Höhepunkt.[20] Bei der Behandlung der Finalität im Denken Teilhards ist der Rückgriff auf Aristoteles notwendig, da dessen teleologisches Denken den theoretischen Hintergrund von Teilhard bildet, der durch die Scholastik, insbesondere durch Thomas vermittelt wurde. Die Motive des Denken Teilhards kann man bei Aristoteles in den Ansätzen wiederfinden.

Die griechische Philosophie beginnt mit der Frage nach der Natur, der Entdeckung der Lebensgesetzlichkeit. Daraufhin "entdeckt das Auge des an der Gesetzmäßigkeit des äußeren Kosmos gebildeten Griechengeistes in der Folge bald auch das innere Gesetz der Seele und gelangt zur objektiven Anschauung des inneren Kosmos."[21] Aristoteles ist der Vollender der griechischen Philosophie. Die Lösungen, die Aristoteles für die ewigen Fragen der Menschheit hat, sind auch heute noch nicht überholt, sondern werden immer wieder in ihrer Aktualität gewürdigt.[22] Auf das hier behandelte Problem hat Aristoteles als erster eine umfassend reflektierte Antwort gegeben, die noch heute die Grundlage der Naturphilosophie bildet. Die antike Metaphysik überschreitet die mythische Einheit von Gesellschaft und Natur. Basis der neuen Denkform ist die Verbindung des fachwissenschaftlichen Kausalitätsbegriffs mit der rationalen ethischen Theorie der Handlung unter der Voraussetzung der Einheit von freiem Individuum und Gesellschaft. Das Problem des teleologischen Prinzips hat davon ausgehend eine lange Tradition in den Fachwissenschaften. Aristoteles war, wie Teilhard auch, davon "[...] begeistert, hinter den volkstümlichen Vorstellungen vom Zufälligen eine verwickelte Struktur bloßzulegen, die es ihm letzten Endes ermöglichte, auch das Zufällige mit dem obersten Prinzip der Natur zu verknüpfen."[23] Zu allen wichtigen Werken des Aristoteles schrieb Thomas Kommentare, welche die Aristoteles-Auslegung der scholastisch geprägten Philosophieausbildung Teilhards bei den Jesuiten geprägt haben.

Teilhard entwirft eine Zusammenschau von transzendent-metaphysischer Teleologie (heilsgeschichtlich motivierte Christologie), die aus dem christlichen

Glauben heraus Gott als einzige Zweckursache des Geschehens sieht, philosophischer Anthropologie und naturwissenschaftlich orientierter Evolutionstheorie, dem allmählichen Entwickeln eines höheren Zustands aus einem vorhergehenden.[24] Der unbedingte Fortschrittsgedanke als kausal-mechanische Evolution und der christliche Erlösungsgedanke mit seiner teleologischen Intention stehen für Teilhard nicht im Gegensatz. Daran ändert auch der Widerspruch von technisch-organisatorischem Fortschritt und gleichzeitiger Bedrohung der Menschheit nichts. Wichtig ist sein Naturbegriff: in der Ursache gegründete Seinszusammenhänge ergeben einen vom Ziel her bestimmten Seinszusammenhang. Der Name Teilhard de Chardin steht bis heute v.a. für unerschütterlichen Optimismus und Zukunftsgläubigkeit.[25] Dabei stellt sich die Frage, wodurch sich Teilhards Denken seinerzeit legitimierte und wie sich die Beschäftigung damit heute rechtfertigen läßt? Wie oben bereits angedeutet, ist der Unterschied zwischen der damaligen und der heutigen Situation nicht bedeutend. Einige der bereits damals erkennbaren Probleme haben sich verstärkt, z.B. die Technisierung des Verhältnisses von Mensch und Natur. Deshalb scheint es, auch in Anbetracht der Vergessenheit Teilhards, mehr denn je geboten zu sein, sich mit seiner hoffnungsvollen und versöhnenden Philosophie zu beschäftigen. Philosophie - obwohl Teilhard kein Fachphilosoph war, sondern ein Philosoph im Sinne eines grenzüberschreitenden Denkers, der von den Naturwissenschaften (insbesondere der Paläontologie) und der Theologie ausging. Seine wichtigsten Erkenntnisse stellen demzufolge eine Synthese dieser beiden Gebiete dar. Seine naturwissenschaftlichen Leistungen sind Wissenschaftsgeschichte, da die Erforschung der Herkunft und Vergangenheit des Menschen ständig neue Fossilien entdeckte und damit die Entstehungsgeschichte ständig neu interpretierte. Wichtig und immer noch bedenkenswert sind seine Thesen zur Zukunft des Menschen, die er aus dessen Vergangenheit und der Anwesenheit Gottes gewann und in sehr eigener, nicht dogmatischer Art aufstellte. Teilhard hat das Aristoteles-Wort, daß bei vielen Dingen "das Gute und das Schöne Prinzip sowohl des Erkennens als auch der Bewegung" ist (1013a 23), ernst genommen.

B. Finalität bei Teilhard de Chardin und deren Ursprünge

1. Das teleologische Prinzip

1.1. Aristoteles

1.1.1. Möglichkeit und Wirklichkeit

Möglichkeit und Wirklichkeit sind sogenannte Modalitäten des Seins. Aristoteles bezeichnet sie als *dynamis* und *energeia*, in der Scholastik wurden daraus Potenz und Aktualität. Die deutschen Begriffe geben nicht genau das wieder, was Aristoteles meint. Zunächst sagt er: "Es scheint, daß man in zweierlei Sinn vom Leben sprechen kann: von seiner Möglichkeit und von seiner Wirklichkeit." (B79)[26] Das meint sinngemäß einmal "tätig sein hier und jetzt" und kann auch im Sinne von "sich in einem Zustande befinden" verstanden werden. (B81) Dies führt auf das Grundproblem hin, wie aus der Möglichkeit des Seins die Wirklichkeit desselben hervorgeht. Das Sein ist einteilbar nach Qualität und Quantität oder nach Vermögen und Vollendung, also Möglichkeit und Wirklichkeit. Die erste Einteilung ist die rein empirische, die keine weiterführenden Aussagen erlaubt, da nur die äußeren Bestimmungen betrachtet werden. Vermögen ist dann vorhanden, so Aristoteles, wenn ein Ereignis eintritt und damit Wirklichkeit wird, von dem man annahm, daß sein Eintreten im Bereich des Möglichen liegt und so nichts Unmögliches eintrifft. (1047a 24ff)

In unserem Zusammenhang ist das Problem der Wirklichkeit bzw. der Vollendung interessant. Aristoteles sagt, die Wirklichkeit ist früher als das Vermögen. Auf den ersten Blick eine verblüffende Aussage, da man davon ausgeht, daß die Möglichkeit zur Wirklichkeit wird, die zeitliche Reihenfolge also festgelegt ist. Nach der o.g. Definition ist etwas vermögend, "weil es in wirkliche Tätigkeit treten kann". (1049b 15) So meint Aristoteles mit dem Vorrang der Wirklichkeit folgendes: Der Stoff, z.B. der Samen, ist zeitlich früher als der wirkliche Mensch, da der Samen ja nur die Möglichkeit des Menschen in sich birgt. Aber wiederum früher als dieser ist ein wirklicher Mensch, der den möglichen Menschen, den Samen, erst ermöglicht. Es entsteht immer etwas durch ein anderes, ein Erstbewegendes: "[...] das Bewegende aber ist schon in Wirklichkeit." (1049b 30) Die Wirklichkeit ist also früher als das Vermögen, der Mann (bzw. die Frau) früher als das Kind. "Ferner darum, weil alles, was entsteht, auf ein Prinzip und ein Ziel hingeht; Prinzip nämlich ist das Weswegen, und um des Zieles willen ist das Werden." (1050a 8f)[27] Der zweite genannte Grund weist auf die Finaldetermination hin. Er begründet das Vorhandensein der Wirklichkeit vor der Möglichkeit durch das Ziel, das vorhanden sein muß, wenn alles dorthin strebt: "Ziel aber ist die Wirklichkeit, und um ihretwillen erhält man das Vermögen (die Möglichkeit); denn nicht, um den Gesichtssinn zu haben, sehen die Lebewesen, sondern um zu sehen, haben sie den Gesichtssinn." (1050a 9ff) Das ist ein klassisches Argument teleologischer Naturbetrachtung, die nicht die Tätigkeit als Erklärung für die Organe heranzieht, sondern die Organe für die Tätigkeit.

Interessant ist noch eine andere Feststellung: "Immer nämlich liegt der Möglichkeit nach das Frühere im Nachfolgenden vor [...]." (414b 30f) So setzt das Tastvermögen das Nährvermögen voraus. Das Nährvermögen ist die Grundlage aller Lebewesen, denen als einfachste und grundlegendste Wahrnehmung der Tastsinn[28] zukommt. (413b 5) Aristoteles folgert weiter: "Für jetzt sei soviel gesagt, daß den Lebewesen, die Tastsinn haben, auch Streben zukommt." (414b 15f) Und "[...] jedes Streben ist um eines Zweckes willen." (433a 15f) So daß ausgehend von den einfachsten organischen Tätigkeiten, wie Stoffwechsel, auf die Zielgerichtetheit des Lebens geschlossen werden kann.

Die Wirklichkeit ist nicht nur früher, sie ist auch besser als die Möglichkeit, da diese immer auch ihr Gegenteil in sich birgt, beispielsweise: das absolut Schlechte so wie das absolut Gute. Hinzu kommt die Bestimmung des Ewigen als Wirklichkeit, wie es schon die Zielstrebigkeit angedeutet hat. Dieses Ewige ist früher als das Vergängliche. Wie aber die Abhandlung über das höchste Seiende zeigt, ist dieses gerade nicht dem Vermögen nach Bewegung, sondern wirkliche Tätigkeit. Da sonst auch nichts sein könnte. Weil Wirklichkeit Denken ist, wird das Mögliche gefunden, wenn es ins Wirkliche überführt ist. (1051a 30ff) So findet sich das Wirkliche bzw. das Weswegen in dem, "[...] was durch Natur oder durch die Denkkraft entsteht." (1065a 27) Das zur Naturfinalität leitende Resultat ist folgendes: "Indem nun in jeder Gattung des Seienden das Mögliche von dem Wirklichen geschieden ist, so nenne ich die Wirklichkeit des Möglichen, insofern es möglich ist, Bewegung." (1065b 15ff)

1.1.2. Die Finaldetermination in der Natur

"Als nun jemand erklärte, daß Vernunft wie in den lebenden Wesen so auch in der Natur die Ursache aller Schönheit und aller Ordnung sei, da erschien er gegen die Früheren wie ein Nüchterner gegen Irreredende." (984b 15ff) Als solch ein Nüchterner erscheint Aristoteles bereits in dem oben zitierten Protreptikos, der sogenannten Mahnrede an Themison, in der er die Naturbewegungen im weitesten Sinn als teleologisch bestimmt. In dieser Rede geht es in erster Linie um die Verteidigung der Philosophie gegen den Vorwurf der Nutzlosigkeit. Aristoteles kommt zu folgendem Schluß: "Von dem, was unser ist, scheint dies [Verstand und Geisteskraft, E.L.] allein unvergänglich, dies allein göttlich zu sein." (B108) Aristoteles' Grundannahme, daß der Mensch die Natur nachahmt, ist beim Philosophen dahingehend erweitert, daß dieser die Natur selbst erfassen will. Nicht um sie nachzuformen, sondern um sie zu verstehen. Den Wert dieser höchsten Tätigkeit beweist Aristoteles durch die Teleologie der Natur.

Die "Zweckbestimmtheit der Natur" ist der "Ausgangspunkt für die Ermahnung zum Philosophieren". (B45) Aristoteles setzt voraus, daß der Mensch ziel- und zwecksetzend handeln kann, wenn er die handwerklichen Voraussetzungen, die er erwerben muß, dazu besitzt. Allerdings ist der Zweck, auf den alles hinzielt besser als das, "[...] was um dieses Zweckes willen entsteht." (B12) Hier wird angedeutet, daß das menschliche Handeln in bezug auf das Ziel unvollkommen ist. Ähnlich kann es sich auch in der Natur verhalten, so daß der Mensch bei ihr unterstützend zum Erreichen des Zieles eingreift, ja sein Können existiert vor allem um dieser Hilfe willen. (B13) "Wenn nun das menschliche Können die Natur nachahmt, so beruht es offenbar auf der Natur, daß die Produkte des menschlichen Könnens zweckmäßig sind." (B 14) Zunächst vollzieht sich das Werden in der Natur "um eines Zweckes willen". Das nimmt sich der Mensch gleichsam zum Vorbild und gelangt daher ebenfalls zum zielsetzenden Handeln. In der Natur beobachtet Aristoteles die Teleologie an verschiedenen Beispielen, z.B. sei das Augenlid zum Schutz des Auges vorhanden und auf Grund dieses Schutzes entstanden. Was der Natur gemäß entsteht, ist schön und erhaben. Da der Mensch nach Aristoteles das erhabenste Lebewesen darstellt, ist besonders er gemäß der Natur entstanden und daher besonders schön. (B16) Wie bereits gesagt, dient der Text dem Nachweis des Nutzens der Philosophie. Dies nun tut Aristoteles, indem er die von ihm entwickelte Stufenleiter der Natur erweitert. Der Werdeprozeß verläuft beim Menschen vom Körper über die Seele schließlich zum Geist. Die Geisteskraft ist dann "[...] naturgemäß unser Ziel, um dessentwillen wir entstanden sind." (B17) Der Mensch ist nur Mensch, wenn er über Wahrnehmung und Verstand verfügt. Ohne diese Eigenschaften kann er dem Tier oder der Pflanze gleichgesetzt werden, deutet Aristoteles an. Jedoch: "[...] vom Irrationalen befreit und im Geiste verharrend, wird er dem Gotte ähnlich." (B28)

"Da in der ganzen Natur Ordnung herrscht, tut sie nichts zufällig, sondern alles auf einen bestimmten Zweck hin." (B22) Alles in der Natur ist also auf ein Ziel hin gerichtet. Da das Primäre eher den "Charakter einer Ursache" hat als das Sekundäre, ist es "[...] von vornherein notwendiger, Einsicht in die Grundfaktoren und die einfachsten Elemente in der Natur zu haben als in das, was sekundär daraus entstanden ist." (B35) An diese Methode hält sich Aristoteles. Die Zwischenstufen sind nicht wichtig, da das Ziel stets besser ist als das Ding. Der Werdeprozeß verläuft kontinuierlich auf eine naturgemäße Vollendung hin, die den Endpunkt der Entwicklung darstellt. Und so kommt er zu dem Schluß, daß der Mensch existiert, "um etwas zu denken und zu lernen". (B17)

Diese Vollendung wird von Aristoteles als Entelechie[29] bezeichnet. Die Psyche ist die Entelechie des Lebens, das durch diese sein wirkliches Sein erreicht. "Die Erkenntnis von ihr [der Seele, E.L.] trägt, wie es scheint, auch für die der Wahrheit im ganzen viel bei, am meisten für die über die Natur; denn sie ist gleichsam Prinzip der Lebewesen." (402a 5ff) Deshalb widmet Aristoteles dem Problem die Abhandlung "Über die Seele". In ihr entwirft er eine Psychologie und eine philosophische Biologie. Die aus drei Büchern bestehende Schrift untersucht das Lebensprinzip in der Natur und beim Menschen. Die Seele ist auf allen Stufen des Organischen die Ursache des Lebens. Aristoteles trifft folgende Grundbestimmung: "Wenn man nun etwas Gemeinsames von jeder Seele sagen soll, so ist sie wohl die erste Vollendung eines natürlichen, organischen Körpers." (412b 4ff) Dieser Körper ist zunächst nur Materie, welche als Möglichkeit Leben in sich hat. Die Seele ist die Formursache des Körpers, der durch diese vollendet wird. Unter Substanz bzw. Wesen können wir nach Aristoteles dreierlei verstehen: die Materie, die Form und das aus beiden zusammengesetzte, das beseelte Lebewesen. Materie ist zunächst nur Möglichkeit und die Form gleichsam die Vollendung. So ist die Seele die Vollendung des Körpers und nicht umgekehrt. Die Seele existiert nicht ohne Körper und ist selbst kein Körper. Sie gehört aber zum Körper, und es fügt sich, daß die Seele den richtigen Körper findet, um dessen Möglichkeiten zu vollenden. Daher ist klar, daß die Seele "[...] eine Vollendung und ein Begriff von dem ist, welches das Vermögen/die Möglichkeit hat, so beschaffen zu sein [...]." (414a 28f) Die Seele ist die Ursache und der bestimmende Teil, das Wesen des Körpers. "Sie ist nämlich sowohl Ursprung der Bewegung, als auch Zweck, und auch als Wesen der beseelten Körper ist die Seele Ursache." (415b 10ff) Wenn "bei allen Dingen die Ursache des Seins das Wesen" ist, so ist beim Lebewesen das Leben das Sein, von dem die Ursache die Seele ist. Außerdem ist von dem in Möglichkeit Seienden die Vollendung gleichsam das Ziel. "Offenkundig ist aber die Seele Ursache als auch Zweck: Wie nämlich die Vernunft um eines Zweckes willen wirkt, so in gleicher Weise auch die Natur, und das ist ihr Zweck." (415b 15ff) Die Seele ist den Lebewesen von Natur aus zugehörig und daher gleichzeitig ihr Zweck, im Sinne der Vollendung.

In der sogenannten "Vorlesung über Natur" begründet Aristoteles die Naturphilosophie als eigenständige Wissenschaft, d.h., er versteht Physik im griechischen Sinne als Naturphilosophie. Dabei versucht er eine ganzheitliche Betrachtung des Kosmos, die zu einer Metaphysik weist, welche auf der Physik basiert. Hier kommt der Lehre von den Zweckursachen eine ausgezeichnete Stellung zu. "Unter den vorhandenen (Dingen) sind die einen *von Natur aus*, die anderen sind auf Grund anderer Ursachen da." (192b 8f) Die "[...] Naturbeschaffenheit ist doch eine Art Anfang und Ursache von Bewegung und Ruhe an dem Ding, dem sie im eigentlichen Sinne, an und für sich, nicht nur nebenbei, zukommt." (192b 21ff) Dem Leben ist das Prozeßhafte ursprünglich eigen: Der Anfangsgrund darf nicht außerhalb des Dinges liegen, wie bei einem künstlich hergestellten Gegenstand. Er muß dem Natürlichen immanent sein. Nicht der Ausgangsstoff, sondern das Ergebnis ist das natürlich Gebildete: "Nicht das 'aus dem', sondern das 'zu dem hin'. *Die* (erreichte) *Form ist also das natürliche Wesen*." (193b 18f) Dieses ist das Ziel und das Weswegen, der letzte Punkt des natürlichen Prozesses. Weil das natürliche Wesen zu denen gehört, die "[...] bei fortlaufend erfolgender Veränderung, ein Ziel haben [...]". (194a 29) [30] Jedoch nicht jeder Schlußpunkt ist ein Ziel in dem genannten Sinne. Nur der bestmögliche Zustand ist ein solches.

Die Lehre von den vier Ursachen führt Aristoteles in der "Metaphysik" wie auch in der "Physik" nicht weiter aus. Die ersten drei Ursachen sind der immanente Stoff, also das Woraus, die Form, das Wie und der anfängliche Anstoß (Warum). Die Ursachenform, die uns hier interessiert, ist die vierte: die Ziel- oder Zweckursache, das Weswegen bzw. Wozu. "Schließlich (sind Dinge ursächlich) als das *Ziel* und das *Gute* der anderen. Das Weswegen will doch ein Bestes und Ziel der anderen (Dinge) sein." (195a 24f) Die Naturbeschaffenheit fällt unter die vierte Form der Ursache. Bei Naturereignissen, wie z.B. Jahreszeiten, liegt eine Regelmäßigkeit vor, die nicht auf Zufall oder Fügung zurückgeführt werden kann. "So findet sich also das 'wegen etwas' im Bereich dessen, was von Natur aus wird und ist." (199a 7) Womit die Finalität als Naturdetermination beschrieben wird. Alles verläuft zielstrebig, wenn nicht die *korruptio*-Problematik greift: "Bei Vorgängen, die ein bestimmtes Ziel haben, wird um dessentwillen das ihm Vorausgehende getan, und so der Reihe nach fort. [...] - wenn nicht etwas hindernd dazwischentritt." (199a 9f) Auch bei Pflanzen und niederen Tieren finden viele Vorgänge statt, die auf ein Ziel hin als nützlich anzusehen sind. Das führt Aristoteles als weiteren Beleg für die Finalität an. Naturbeschaffenheit gibt es als Form und als Stoff. Die Form aber ist das Ziel, um dessentwillen das Übrige vorhanden ist. "Naturgemäß nämlich (verhält sich) alles, was von einem ursprünglichen Antrieb in sich selbst aus in fortlaufender Veränderung zu einem bestimmten Ziel gelangt." (199b 16f) Bei einer Mauer beispielsweise, als künstlichem Objekt, verhält es sich nicht so. Hier ist das Ziel der Schutz von Etwas, das hinter bzw. vor der Mauer liegt. Die Mauer selbst ist es nicht. "Auf Grund von Voraussetzung also besteht Notwendigkeit, aber nicht das Ziel. In dem Stoff nämlich liegt das Notwendige, das 'weswegen' hingegen im Begriff." (200a 14f) Das Ziel ist vorher da, weil es den Ausgangspunkt des Handelns bildet, warum überhaupt gehandelt wird. Erreicht werden kann das Ziel nur, wenn die einzelnen Stufen, die zur Erreichung notwendig sind, auch vorhanden sind. Die Zielursache "[...] ist Ursache des Stoffs, nicht er für das Ziel. Und das Ziel ist das 'weswegen', und der ursprüngliche Anfang geht von der Bestimmung und dem Begriff aus, so wie im Bereich der Kunstfertigkeit auch [...]." (200a 34f)

Der unmögliche Regreß ins Unendliche ist ein weiterer Grundgedanke des Aristoteles in seinen naturphilosophischen Überlegungen. Es kann kein Fortschritt ins Unendliche stattfinden. Das begründet Aristoteles u.a. mit dem Vorhandensein eines Endzwecks. "Endzweck aber ist das, welches nicht um eines andern willen, sondern um dessentwillen das andere ist. Wenn es also ein solches Äußerstes gibt, so findet dabei kein Fortschritt ins Unendliche statt; gibt es kein solches, so gibt es überhaupt kein Weswegen." (994b 9ff) Innerhalb der Definitionen der zur Metaphysik gehörenden Begriffe im Buch V werden die vier bereits bekannten Ursachen, die Aristoteles unterscheidet, noch einmal behandelt. Alle Ursachen sind zunächst Prinzipien, in dem Sinne, daß sie etwas Erstes sind, von dem etwas ausgeht bzw. anfängt. Er unterscheidet hier sieben Arten des Prinzips, wobei sich drei auf den menschlichen Bereich beziehen und so nicht als natürliche Ursachen in Betracht kommen. Es gibt die vier o.g. Hauptklassen der Ursachen, von denen mehrere auf ein Ding zutreffen können. Die ausgezeichnete unter diesen ist die Zweckursache:

"Anderes endlich ist Ursache als der Zweck für das übrige und als das Gute; denn dasjenige, worum willen etwas geschieht, soll das Beste und der Zweck des übrigen sein." (1013b 25ff)

Weiterhin ist die Definition der Natur als Bewegung wichtig. Natur ist vieles: der Ursprung des Stoffes, der Stoff selbst, der Ursprung der Bewegung, die Grundlage der Vermehrung durch Vereinigung, die stoffliche Grundlage der Kunst und vor allem die Wesenheit der natürlichen Dinge: "[...] diese ist aber Zweck des Werdens." (1015a 12) Natur ist Bewegung und Vollendung. Das Notwendige wird von den Hauptklassen der Ursachen insofern unterschieden, als es nur Mitursache ist, ohne die Leben jedoch nicht möglich wäre. Vollendet ist ein Ding, wenn es seinen Zweck erreicht hat, wenn es nicht weiter perfektioniert werden kann. Zeitlich vollendet ist es, wenn ein Ding seine Zeit ausgefüllt hat. "Ferner heißt das vollendet, was einen guten Zweck (Ziel, Ende) hat; denn durch das Besitzen des Zweckes (Endes) ist etwas vollendet." (1021b 23f)

Die schwierigen Fragen, die wichtig für das Erkennen des Seienden sind, formuliert Aristoteles in einigen Aporien. In der achten Aporie, welche das Problem behandelt, wie man von den unendlich vielen, einzelnen Dingen Wissenschaft erlangen kann, heißt es: "[...] weder ist irgendeine Bewegung unendlich, sondern jede hat ein Ziel, noch kann dasjenige werden, für das es unmöglich ist, (dann) geworden zu sein." (999b 9f) Das Letzte muß unentstanden sein, damit ein Werden stattfinden kann, das nicht ins Unendliche geht. Wenn man nach der Ursache fragt, fragt man nach dem Sosein. Die Antwort darauf ist entweder der Zweck oder das erste Bewegende.

1.1.3. Das höchste Seiende

"Einmal nämlich ist die Wissenschaft göttlich, welche der Gott am meisten haben mag, und zum anderen die, welche das Göttliche zum Gegenstand haben dürfte." (983a 6f) Die so bezeichnete "Metaphysik" ist die wohl berühmteste Untersuchung des Aristoteles, die der Wissenschaft vom Sein (Seinsphilosophie) den Namen gegeben hat und die "[...] die ersten Ursachen des Seienden als Seiendes erfassen" will. (1003a 32) Es betrachtet die Dinge, die hinter dem Physischen liegen (Erste Philosophie), so auch das höchste Seiende, den unbewegten Beweger. Dabei geht es Aristoteles um eine Abgrenzung zu den Ansichten der Atomisten und Platons reiner Ideenlehre. Bereits im achten Buch der "Physik" bestimmt Aristoteles das unbewegt Bewegende, allerdings nur in einer empirischen Form ohne metaphysische Konsequenzen. Anders in der Metaphysik, besonders im XII. Buch.[31]

Die Lehre vom höchsten Seienden mündet in folgende Behauptung: "Wir behaupten also, daß der Gott ein lebendiges Wesen, ewig und vollkommen ist, so daß Leben und beständiges, ewiges Dasein dem Gotte zukommen, denn dies ist das Wesen des Gottes." (1072b 29f) Diese drei Attribute, die dem Göttlichen zukommen, sind: Leben, Ewigkeit, Vollkommenheit. Wie gewinnt Aristoteles vor dem Hintergrund des griechischen Polytheismus diese sehr konkrete Aussage, deren Herleitung in der Scholastik als Gottesbeweis verstanden wurde und welche Konsequenzen ergeben sich daraus?

Er geht davon aus, daß es drei Arten des Seins gibt. Zum einen das sinnlich wahrnehmbare Sein, das der Veränderung unterworfen ist, ob es nun ewig (anorganisch) oder vergänglich (organisch) ist. Diesem Sein sind die Erörterungen der Kapitel 1-5 des Buches gewidmet, in denen eingehend Stoff und Form sowie das daraus Zusammengesetzte untersucht werden. Es gibt aber noch ein anderes unveränderliches Sein, das nicht sinnlich sondern nur geistig erkennbar ist. Um diese dritte Art des Seins geht es eigentlich. Wie ist dieses Sein beschaffen, wenn es zugleich Ursprung und Ziel der Dinge ist und noch die Einheit aller Vielheit gewährleisten soll? Es muß ewig und unbewegt sein, da es der Anfang von allem ist. Wäre es das nicht, so wäre alles vergänglich. (1071b 3ff) Ein interessanter Punkt, der auf die Kreisläufe hinweist, die als musterhafte Bewegungen existieren und die nach Meinung Aristoteles' ewig sind. Da das höchste Sein den Anstoß zu allem gibt, muß es wirklich tätig sein, nicht nur der Möglichkeit nach. "Wie nämlich soll es in Bewegung kommen, wenn nicht ein in Wirklichkeit seiendes Verursachendes existiert?" (1071b 29) Es muß etwas Verursachendes vorhanden sein, weil sich die

Dinge nicht selbst in Bewegung setzen können. Wohl in Analogie zum menschlichen Handeln und mit Bezug auf Anaxagoras setzt Aristoteles den Geist an diese Stelle, da dieser ursprünglich tätig sei. "Auf diese Weise bewegend ist aber das, worauf das Verlangen und das, worauf das Denken geht: Beides ist bewegend, ohne bewegt zu sein." (1072a 26f) Der Geist ist tätig ohne bewegt zu sein, da zu seiner Denktätigkeit keine in einem Verhältnis stehende, beobachtbare Bewegung erfolgt. Die Art der Tätigkeit, das "Worumwillen", ist dem "Weswegen" verwandt, in dem Sinne, daß beides "an sich für etwas das Gute" ist. (1072b 2) Der Geist hält die Kreisbahnen der Planeten immer in Bewegung. Nicht nur Geist, auch Leben kommt dem Gott zu: "Denn Tätigkeit des Geistes ist Leben, und jener ist die Tätigkeit." (1072b 28) Auf die Frage, was Gott denkt, wenn er Geist ist, antwortet Aristoteles: Er denkt "[...] sich selbst, wenn anders er das Oberste ist, und im Grunde ist dann Denken Denken des Denkens." (1074b 34) Würde er etwas anderes denken, wäre er nicht mehr das Höchste, weil ein anderer Denkgegenstand nur niedriger sein kann.

Daß das "höchste Seiende" Ursprung und Ziel der Dinge ist, begründet Aristoteles mit dem Vorhandensein der Wirklichkeit vor der Möglichkeit. Das Schönste und das Beste, das "vollendete Wesen" liegt am Anfang, wie Aristoteles gegen die Pythagoreer sagt. (1072b 35) Alles was ist, gehört einer Ordnung an, ist auf das gemeinsame Ganze gerichtet, also nicht vereinzelt und zusammenhangslos zu denken: "Denn alles ist auf Eines hin geordnet [...]." (1075a 19) Diese beiden Bestimmungen, Ordnungsgedanke und Vollkommenheit des Ursprungs, sind im Grunde aristokratische Ansichten, die denen der Moderne (Fortschritt durch Aufklärung) widersprechen.

1.2. Systematische Definition

Der teleologische Naturbegriff bestimmt das Naturgeschehen im Ganzen wie im Einzelnen als durch Zwecke bzw. Ziele geleitet. Danach ist das Seiende bereits vom Entstehen her wesentlich vom Ziel bestimmt. Teleologie leitet sich von griechisch *telos* (Ende, Ziel, Zweck) und *logos* (Lehre, Begriff) her. Man könnte Teleologie also als Zweck- bzw. Ziellehre übersetzen. Als philosophischer und wissenschaftlicher Terminus ist Teleologie ein Neologismus, den Christian Wolff eingeführt hat. Der Begriff soll bei ihm, in Anlehnung an Leibniz, den Teil der Physik, der "von den Absichten der natürlichen Dinge" handelt, umschreiben. Es ist damit ein altes philosophisches Problem bezeichnet.[32] Genaugenommen ist das "teleologische Gefühl" so alt wie die Menschheit, da dem Menschen der Altsteinzeit und dem heutigen Eingeborenen (Indigenen) die Welt als zweckmäßig, beseelt und von einer höheren Macht geleitet erscheint. "Der Mythos [...] beginnt mit der Anschauung des zweckhaften Wirkens - denn alle Kräfte der Natur sind ihm nichts anderes als dämonische oder göttliche Willensäußerungen. Dieses Prinzip bildet die Lichtquelle, die ihm das Ganze des Seins fortschreitend erhellt, - aber außerhalb desselben gibt es für ihn auch keine Möglichkeit des Verstehens der Welt."[33] Das hat sich im mythisch-alltagspraktischen Gebrauch von teleologischem Denken, das sich von der philosophischen Teleologie unterscheidet, erhalten, z.B., indem ich sage: "Das mußte ja so kommen!" Aristoteles entwirft, wie oben beschrieben, eine immanente Teleologie. Die Zwecke liegen in den Dingen selbst. Die Welt als Ganzes hat jedoch noch kein Endziel, welches erst das Christentum (Thomas) mit sich bringt. Die Argumentation gegen die Teleologie war und ist damit v.a. ein Kampf gegen den Aristotelismus.[34]

Die systematische Definition der Teleologie kann man in folgende Bereiche unterteilen: a) ontologische bzw. theologische Teleolgie, b) methodologische bzw. Anthropomorphe Teleologie, die bei Mensch (Handlungstheorie) und Natur (Naturteleologie) getrennt betrachtet werden müssen.[35] Die Frage der Teleologie besteht darin, wie die Ziel- bzw. Zweckläufigkeit aussieht, wer oder was den Zweck setzt und wie biologische Determination und menschliche Handlungsdetermination zusammenhängen. Es ist der Vorwurf erhoben worden, die Teleologie würde nur in Fällen unerkannter Kausalität bemüht werden. Kausalität, *causa efficiens*, betrifft die Wirkursachen, d.h., was durch äußeres Wirken ein Ding hervorbringt. Demgegenüber bestimmt die Teleologie, *causa finalis*, das Geschehen durch Ziel und Zweck im Sinne einer planvollen Handlung, um derentwillen ein Ding hervorgebracht wird. Statt Teleologie wird, besonders im romanischen Sprachraum, der Begriff Finalität verwendet. Besteht ein Unterschied? Die *Enzyklopädie Philosophie und Wissenschaftstheorie* und auch in geringem Maße das *Historische Wörterbuch der Philosophie* unterscheiden zwischen Finalismus/Finalität und Teleologie. Finalität ist abgeleitet von lat. *finalis*, das Ende betreffend, als Neologismus *finis*: Grenze, Ziel, Zweck. Es kann synonym für Telos verwendet werden, wobei jedoch zu bedenken ist, in welchem Sinne der jeweilige Autor diesen Terminus benutzt, was nicht immer im Wortsinne sein muß. Vielleicht ist es sinnvoll, bei Naturteleologie von Finalität zu reden, da hier der definierte Sonderfall der Äquifinalität in Erscheinung tritt. Danach kann der gleiche Endzustand auf unterschiedlichen Wegen und unter verschiedenen Ausgangsbedingungen erreicht werden. Insbesondere Organismen kommt diese Zielstrebigkeit zu, da sie offene Systeme sind.[36] Andererseits ist ein Prozeß "[...] finalistic, or characterized by finality, if it is directed towards a goal; it is teleological if its effect is to produce some increase in perfection in a given situation, or at least to counteract a decrease in perfection."[37] Teleologie ist dann nur verständlich, wenn man einen Zustand angeben kann, der höher ist als der vorhergehende. Ich verwende im folgenden Text die Begriffe Teleologie und Finalität synonym. Letzteren öfter, da Teilhard diesen fast ausschließlich gebraucht.

"Das ontologische Problem der Teleologie ist allerdings letzten Endes nur zur Entscheidung zu bringen, wenn wir die Frage nicht beschränken auf das organische Leben, sondern wenn wir das Teleologieproblem wieder als das Problem verstehen, als was es Aristoteles verstanden hat, nämlich als die Frage, wie wir überhaupt natürliche Bewegung verstehen können."[38] Die Formulierung des teleologischen

Problems ist noch immer der Maßstab für das Verständnis desselben. Die Philosophiegeschichte kann die Frage beantworten, in welcher Tradition Teilhard steht, wenn er seine finalistischen Deutungen der Natur vorträgt. Erstmals klar ausgesprochen wurde der Gedanke der Naturteleologie durch den Zeitgenossen Sokrates', Diogenes von Apollonia.[39] Die eigentliche Ausformung des Gedankens der Zielgerichtetheit im Sinne des Erreichens eines vorherbestimmten Zustandes erscheint bei Platon und Aristoteles. Prägend für die weitere philosophische Tradition war die Lehre des Aristoteles, der von Platon die Ideenlehre als Absolutsetzung des *telos* nahm und sie als eine der vier Ursachen in eine differenzierte Teleologie umformte. Aristoteles hat die Teleologie im Schema der Kausalität systematisiert: jeder Naturprozeß ist durch das Woraufhin geprägt. Die natürlichen Ortsbewegungen durch wesensmäßige Orte, die Kreisbewegung der Himmelskörper durch die Liebe des unbewegten Bewegers.[40]

Besonders wichtig ist in unserem Zusammenhang Thomas als christlicher Aristoteliker. Nach ihm ist das entwicklungsfähige Seiende auf Vollendung angelegt. Beherrschend ist der Gedanke der Finalität der Schöpfungsordnung. Die göttliche Vorsehung ordnet die Dinge auf ihr Ziel hin und bestimmt die Ordnung, die wertmäßige Stufung des Seins. "Nach der göttlichen Güte aber, welche das von den Dingen getrennte Ziel ist, ist das in den Dingen selbst waltende hauptsächliche Gut die Vollkommenheit des Weltalls, die nicht bestünde, wenn sich nicht alle Stufen des Seienden in den Dingen vorfänden." (th 22,4)[41] Das Ziel aller Dinge besteht im Erreichen des Zustandes der "göttlichen Gutheit". Dazu legt Gott jedoch nicht allen Dingen Notwendigkeit auf. Er will vielmehr, "[...] daß einiges notwendig geschehe, anderes bedingungsweise, damit eine Ordnung in den Dingen herrsche zur Vollendung des Alls." (th 19,8) Gott hat den Dingen notwendige Ursachen, denen die Wirkung notwendig folgt, sowie fehlbare Ursachen auferlegt. So ist das Zufällige in die göttliche Ordnung integriert, ohne ihr zu widersprechen. Die Teleologie begründet Thomas folgendermaßen: "Alles Wirkende wirkt um eines Zieles willen; denn sonst wäre gar kein Grund, warum aus der Tätigkeit des Wirkenden eher dieses hier oder jenes folgte, außer dem Zufall." (th 44,4) Gott ist "Wirkursache,

Vorbildursache und Zielursache" aller Dinge. Das ist die Überzeugung des Thomismus, der Gott, der die Dinge in "einer vielgestuften innerweltlichen Zweckordnung" aufeinander hingeordnet hat, als Wirkursache und letzten Zweck alles kontingenten Seins sieht.[42] Die Teleologie ist nach Thomas die Grundlage der Wissenschaft überhaupt. Gott ist die Wahrheit. "Also muß die Wahrheit das letzte Ziel des Universums sein und die Weisheit vor allem in ihrer Betrachtung stehen." (cg I,1)

Nicolai Hartmann unterzieht das teleologische Denken einer grundsätzlichen Kritik und bezeichnet den Theismus als teleologische Spekulation. In seiner Unterteilung der Teleologie in drei Formen treffen auf Teilhard zwei zu, die dritte ansatzweise. Die "Teleologie der Prozesse", in der "alle Geschehnisse, einerlei ob es solche der Natur oder solche der Menschensphäre sind, als vom Ende her bestimmt, aufgefaßt" werden und in der es um "die der Sache einwohnenden Zwecke" (Immanenz) geht. Die "Teleologie des Ganzen", bei der "der als Einheit verstandenen Welt ein oberstes bewegendes oder schaffendes Prinzip zugeschrieben" wird, das meist ein "transzendenter Zweck" ist. Die dritte Form, die "Teleologie der Formen", spielt insofern eine Rolle, da sie der Schöpfungsgeschichte oder Evolution innewohnt.[43] Laut Hartmann bietet die teleologische Erklärung scheinbar folgende Vorzüge: ein Weltbild der Einheitlichkeit, das Umgehen von Detailforschung durch eine Einheitskategorisierung und als Ergebnis Totallösungen.[44] Da man einem Ablauf nicht ansehen kann, "ob er bloß kausal oder auch final determiniert ist", *dynamis*/Potenz keine einseitige Möglichkeit bedeutet, sondern zwei gegensätzliche meinen kann und oft eine Verwechslung von höheren und stärkeren Kategorien stattfindet, ist für Hartmann Bequemlichkeit im Denken die Ursache für teleologische Philosophie.[45] Er sieht deshalb in der teleologischen Weltanschauung, die er allzu leicht mit Schicksalsergebenheit und Schwäche identifiziert, eine Metaphysik unfreier Menschen.[46] Neben dieser Kritik erkennt Hartmann die Naturdetermination durchaus als reales Problem in der Geschichte der Wissenschaften an. Nach ihm bedeutet der Kausalnexus, daß auf eine Ursache immer eine Wirkung folgt, die dann wiederum zur Ursache wird etc. Es findet keine Zweckverwirklichung statt, theoretisch gibt es kein Ende. Der Finalnexus wird durch einen weit vorausliegenden Zweck ausgelöst. Beim Bewußtseinsprozeß werden die zum Erreichen des Zwecks notwendigen Mittel rückwärts gesetzt, um dann gemäß dem Kausalnexus den Zweck zu verwirklichen.[47] Der Finalnexus setzt den Kausalnexus voraus. Allerdings ist auch dieser eine Festsetzung a priori, keine ontologische Aussage.[48] Hartmann bezeichnet die eigentümliche Determinationsweise der Organismen als "nexus organicus" und meint damit eine "hochkomplexe Synthese heterogener Determinationsformen".[49] Organismen passen sich durch Regulation ihrer Umwelt an. Es gibt eine, relativ auf das Resultat bezogene Zweckmäßigkeit, aber keine wirkliche Zwecktätigkeit:[50] Ein niedriger Prozeß ist zweckmäßig für einen höheren.[51] Vertreter des Vitalismus und Mechanismus verwenden nach Hartmann die Prinzipien unterschiedlicher Seinsstufen für alle anderen. Hartmann kritisiert mit Kant die "Metaphysik der immanenten Zwecke" und kommt so ebenfalls zum regulativen Prinzip Teleologie.[52] Nach ihm gibt es ein Gefüge der Determinationen, das durch Überschichtung zustande kommt. So ist die Ganzheitsdetermination die "Determination des Elements vom Gefüge her".[53] Der Lebensprozeß ist auch bei Hartmann in Stufen unterteilt. Die aufsteigenden Prozesse vermitteln den Schein der Teleologie.

1.3. Die Naturteleologie

"Die ontologische Verfassung des Lebendigen ist das des Aus-seins-auf, also Teleologie."[54] Anders formuliert könnte man sagen, daß Lebewesen Bedürfnisse, Begierden und Ängste haben, die das Leben zweckmäßig gestalten.[55] Die Teleologie wird dann zum Problem, wenn sie als Naturteleologie diskutiert wird. Teilhard war Naturforscher, und sein Denken ist wesentlich von naturwissenschaftlichen Kategorien und Erkenntnissen getragen. Die Antike hat Philosophie und Naturwissenschaften noch nicht in dem Sinne getrennt, wie dies heute, als Folge der Spezialisierung, der Fall ist. Deshalb stehen die antiken Überlegungen zur Teleologie in einem ausgewogenen Verhältnis zu beiden. Die Teleologie ist sowohl ein metaphysisches als auch ein naturwissenschaftliches Problem. Die entscheidende Frage, in Bezug auf die Naturwissenschaften, ist die nach der Naturteleologie, d.h., ob in der Natur ein vorherbestimmter bzw. immanenter Zweck bzw. ein solches Ziel real vorhanden ist. Der Gedanke der Teleologie allgemein und speziell der der Naturteleologie ist wichtig für die Stellung des Menschen in der Natur, die Einheit von Mensch und Natur und richtet sich u.a. gegen die Verselbständigung der Fachwissenschaften.

"Ursachen müssen ihren Wirkungen zeitlich vorausgehen, damit sie zu Kausalerklärungen herangezogen werden können. Die Ursache für das Verhalten eines Tieres liegt aber in vielen Fällen offensichtlich in der Zukunft [...]."[56] Solche Phänomene lassen sich auf verschiedene Weise beschreiben. Die kausale Erklärung beruht auf einer mikroskopischen Sicht der anorganischen Natur. Die teleologische Erklärung in der organischen Welt hingegen basiert auf einer Anschauung, die den größeren Umweltzusammenhang berücksichtigt. Bei beiden Erklärungsweisen ändert man die reale Größe der Phänomene, um die Informationen zu erhalten. Isoliert und eins zu eins betrachtet ist die Erklärungsmöglichkeit in beiden Fällen nur sehr gering. "Den Physikern sind solche sogenannten teleologischen Erklärungen ein Greuel. [...] Sie wenden dabei [bei der Erklärung der organischen Welt, E.L.] die Regeln an, die sie bei der Aufklärung komplizierter Zusammenhänge in der unbelebten Natur gelernt haben."[57] Die morphogenetischen Prozesse sind jedoch allein mit der Physik und Chemie nicht zu erklären.[58] Damit stellt sich am Beispiel der Naturteleologie die Frage nach der Gültigkeit von Gesetzen der Physik in der Biologie. Begriffe wie Ganzheit, Freiheit und Finalität sind in Bezug auf das Leben entstanden, und die Frage ist dann umgedreht, inwieweit sie in den anorganischen Bereich weisen. Die naturwissenschaftlichen Gründe für die Zweck-Annahme lassen sich, wie oben gesehen, auf die Verschiedenheit von mechanischen und organischen Gesetzmäßigkeiten zurückführen. Der Gedanke der Zweckmäßigkeit der Evolution, eine Art der Prozeßmetaphysik, ist im Sinne der Kausalität gedacht, d.h., es gibt im nachhinein betrachtet eine überlebenssichernde Zweckmäßigkeit des Verhaltens, jedoch keine durch ein Ziel verursachte. Diese ist erst am Resultat ablesbar. Zwecke dürfen nicht als kausale

Erklärungen verstanden werden, da das Bedürfnis nach etwas kein hinreichender Grund für seine Entstehung ist. So wie es keine Finalität ohne Kausalität gibt, so kann man Kausalität nicht ohne ein teleologisches Moment denken, da eine kausale Erklärung immer für einen Vorgang gilt, der aus dem Gesamtzusammenhang isoliert wird. Die Wirkung wird zwangsläufig zum Ziel, wenn auch nur um der Erklärung willen.[59] Deshalb besteht Dessauer darauf, daß das Denken, das in der Natur nach finalen Zusammenhängen sucht, legitim ist und der Vervollkommnung des menschlichen Wissens dient.[60] Teleologisches Denken ist im wesentlichen nachträgliche Interpretation, die nicht im naturwissenschaftlichen Sinne erklärt.[61] Der Teleologiegedanke ermöglicht aber erst die Forschung nach Ursachen, da er als Leitfaden fungiert. So spricht man im Hinblick auf die Natur "[...] vom *Entstehen von Dingen*, und wenn man das tut, hat man den Werdeprozeß bereits *von seinem Resultat her verstanden. Mehr als dies liegt ursprünglich gar nicht in der Teleologie.* Vor allem ist sie kein unkritischer Anthropomorphismus."[62]

Kant verstand die Teleologie methodologisch, wohingegen sie Hegel als ontologisch, i.S. einer real wirkenden Kraft interpretierte. Blumenberg sah den "[...] Sinn teleologischer Spekulationen auf die Selbstdeutung des Menschen innerhalb eines 'Weltbildes' begrenzt."[63] Teleologische Erklärungen wurden in der Geschichte der Wissenschaften oft für Unerklärliches bemüht, für Erscheinungen, die mit physikalisch-chemischen Gesetzen nicht erklärt werden konnten. Nach Meinung Hartmanns ist deshalb in der Biologie am längsten die Teleologie, das "Hinzukonstruieren von Zwecken", das bestimmende Erklärungsmodell gewesen.[64] Vielleicht liegt hier ein Mißverständnis vor, das durch eine kritische Finalität, die anthropomorphe Auffassungen ausscheidet, vermieden werden kann.[65] Dagegen sagt Hans Jonas grundsätzlich: "[...] der Einwand gegen finale Erklärung ist, daß sie anthropomorph ist."[66] Diese Haltung hat seinen Ursprung u.a. bei Spinoza. Dieser behandelt ein, seiner Meinung nach, grundlegendes Vorurteil, nämlich, "[...] daß die Menschen gewöhnlich annehmen, alle Dinge in der Natur handelten, wie sie selbst, um eines Zweckes willen".[67] Das ist Anthropomorphismus. Der Mensch überträgt seine "Sinnesweise" auf eine andere, wenn er diese nicht ergründen kann. Weiterhin bemerkt der Mensch eine Übereinstimmung zwischen Mittel, z.B. Auge, und Zweck, z.B. Sehen, die er nicht herbeigeführt hat. Also muß Gott dafür verantwortlich sein. Es findet, so Spinoza mit kritischem Bezug auf Aristoteles (s.S. 11), eine Verwechslung von Wirkung und Ursache statt, so daß das Auge um des Sehens willen entsteht. Das ist nach Spinoza falsch, da das Letzte so zum Ersten würde. Gegen Spinozas Beweis, daß in der Natur keine Zwecktätigkeit, sondern "mechanische Kunst" herrsche[68], hat schon Leibniz Einspruch erhoben. Sein Satz vom Grund schließt Kausal- und Finalprinzip ein.[69] Die Vorstellung einer objektiven Anschauung der Natur ist eine Wunschvorstellung, die sich nicht erfüllen wird. "Entanthropomorphisierung kann realiter nur in der Weise gelingen, daß sich die Gattung Mensch auf dem Planeten selbst und endgültig ausrottet."[70] Es müßte vielmehr darum gehen, sich den Anthropomorphismus bewußt zu machen, um ihm nicht naiv ausgeliefert zu sein, wie die Naturwissenschaftler, die scheinbar objektiv von "Anpassung" reden. Wenn man den Menschen gleichzeitig als handelnd sowie als Naturwesen auffaßt und den Geist nicht als gottgegeben ansieht, muß die Natur bereits teleologisch sein. Die Biosphäre ist die dem Menschen am nächsten stehende Naturschicht, er wurzelt in ihr. Betrachtet man den Menschen als Fortführung der Natur, müßten seine Fähigkeiten in dieser angelegt sein. Die Einheit zwischen der menschlichen Gesellschaft und der Natur wird durch die Teleologie der Willens- und Arbeitsakte bestimmt. So sieht Hans Jonas die Lösung in der Auffassung, die die Teleologie beim menschlichen Handeln als Produkt bzw. Verlängerung der Natur ansieht.[71]

Bis in die 50er Jahre gab es einen Streit zwischen Vitalisten und Mechanisten. "Die Vitalisten hatten geglaubt, einen Lebensvorgang (wie etwa den Vogelzug) vollständig verstanden zu haben, wenn sie nur erkannt hatten, inwiefern er das Individuum oder die Art im Daseinskampf zu erhalten hilft; sie übersahen, daß die *Finalität* der Lebenserscheinungen auf einer speziellen Form der *Kausalität* beruht (z.B. auf Regelprozessen) und daß deren Verständnis die Anerkennung der Finalität nicht aufhebt, sondern untermauert."[72] Die Mechanisten leugneten den Ganzheitscharakter des Lebens. Die Frage ist, ob es immaterielle finale Ursachen gibt, deren Nachweis bis heute nicht gelungen ist und der auch nicht gelingen kann. Um den so vorbelasteten Begriff der Teleologie zu vermeiden, hat man den der Teleonomie "erfunden", der eben diese Belastung umgehen will. Die Teleonomie läßt gelten, daß die Eigenschaften eines Organismus zum Überleben beitragen und so ein Ziel, das Leben, ansteuern und demzufolge final sind. Indem sich der Organismus auf verschiedene Einflüsse einstellen kann, erreicht er auf verschiedenen Wegen sein Ziel.[73] Objektive Teleologien in der Biologie sind u.a.: Drieschs Vitalismus, Lecomte du Noüys Telefinalismus[74] und eben Teilhard de Chardins Personalisierung des Kosmos.[75]

In jüngster Zeit sind teleologische Erklärungen wieder verstärkt in die Naturforschung einbezogen worden.[76] Die Rehabilitation und Neubewertung der Naturteleologie steht dabei nicht im Vordergrund. Das Stichwort heißt Selbstorganisation der Materie: "Die Entstehung von Ordnung in der Materie [...] findet unter bestimmten Nebenbedingungen gesetzmäßig statt."[77] Den Forschungen ist im Ergebnis gemeinsam, daß sie in der Natur den Zeitpfeil wiederentdecken und die Entstehung von Ordnung auf der mikroskopischen Ebene ohne einen Plan Gottes erklären können. Die kausalmechanische Betrachtung wird überwunden, ohne eine teleologische zu befürworten. Es wird davon ausgegangen, daß das Universum ein offenes System ist, dessen Ziel und Ende nicht bestimmbar sei, da den Selbstorganisationskräften des Universums der höchste Wert beizumessen ist.[78] Wenn kein Ziel zu sehen ist, heißt das nicht, daß ein solches nicht existiert. Deshalb behält die finale Betrachtung, die Ganzheit und Freiheit vereint, ihre Berechtigung: "[...] allgemein könnte ganzheitliche Struktur als Ziel und ein gewisser Spielraum von Freiheit (der Elemente und der Ganzheiten) als der Weg zu seiner Verwirklichung betrachtet werden."[79] So kann die "schöpferische Kausalität des Menschen" in die Natur eingreifen, "weil darin eine 'offene' Finalität herrscht, und keine 'geschlossene'" (Gesetzmäßigkeiten, die immer die gleichen Resultate zur Folge haben).[80]

2. Exkurs: Die "teleologische Beziehung" bei Hegel

Hegel ist ein Beispiel für die Verbindung von Teleologie und Metaphysik. Er bietet zu beiden genannten Denkern und zum teleologischen Problem Bezugspunkte und könnte daher eine Verbindung herstellen. So beruft sich Hegel auf Aristoteles, und Teilhard grenzt sich des öfteren gegen Hegel ab, weil er seine Nähe zu diesem spürt:[81] "Wahrhaftig, es existiert für mich nur mehr eine Art Welt des Geistes - aber, wohlgemerkt, nicht ein metaphysischer Geist im Sinne Hegels." (Reisebriefe I, 129)[82] Die Abgrenzung ist nicht inhaltlicher sondern oberflächlich formaler Natur. Daß sich beide in gewisser Hinsicht ähneln, ist festgestellt worden, wenn auch keine direkten Bezüge gefunden werden konnten.[83] Beide erhielten einen Vorwurf, der jeweils nur unterschiedlich formuliert wurde. Er bezieht sich auf die Einheitsphilosophie, die Teilhard den Vorwurf des Pantheismus und Hegel den Vorwurf des Panlogismus einbrachte. Etwas Wahres bergen diese Vorhaltungen, aber sie erfassen nicht die ganze Wahrheit ihrer Systeme bzw. Philosophie. Die Frage nach der Prolepsis, der vorwegnehmenden Teilhabe, stellt einen Bezug zwischen Teilhard und Hegel her. Allerdings einen unvollständigen, da Hegel das Heilsereignis zu Gunsten der Geschichte relativiert, was Teilhard nicht tut.[84] Beide, Hegel und Teilhard, wurden in einen Prozeß der "Übervergeistigung", in dem sich der Geist von der Natur emanzipiert, eingeordnet.[85]

"Man kann Hegel als den Höhepunkt des teleologischen Denkens in der Philosophiegeschichte bezeichnen. Die teleologische Struktur seiner gesamten Auffassung der Wirklichkeit ist kein beiläufiges Moment seines Denkens: erkennt doch in dieser Wirklichkeitsauffassung nicht der Philosoph Hegel etwas als wahr, sondern der Geist 'kommt zu sich selbst' [...]."[86] Gewöhnlich wird dieses Urteil anhand Hegels *Logik* und seiner geschichtsphilosophischen Vorlesungen gefällt. Das ist richtig und konsequent, da dort das teleologische Moment eine zentrale Rolle spielt. Hegel hat den aristotelischen Zweckbegriff wiederbelebt und ihm einen zentralen Platz in seinem System eingeräumt. Bereits in der *Phänomenologie* verortet Hegel die Teleologie in der Genese des Geistes. "Die ihr folgenden Schriften, insonderheit die 'Logik', die 'Enzyklopädie', die Rechts- und Geschichtsphilosophie schließen an die Prämissen der 'Phänomenologie' an, um auf ihrer Grundlage den gewaltigen Bau des Hegelschen Systems zu vollenden."[87] Deshalb soll hier kurz die Stellung und Bestimmung der Teleologie in der *Phänomenologie* dargestellt werden. Die Frage ist, welche Bedeutung Hegel ihr beimißt und ob sich aus der teleologischen Beziehung die Einheit des Naturbegriffs ableiten läßt, als Voraussetzung für die Aussage: "Das Wahre ist das Ganze." (19) [88]

Die Teleologie führt Hegel im Vernunftkapitel ein, wenn die Vernunft die organische Natur in Hinblick auf das Unorganische beobachtet. Hier findet auch Hegels Auseinandersetzung mit den zeitgenössischen Naturwissenschaften statt: "Das Tun der beobachtenden Vernunft ist in den Momenten seiner Bewegung zu betrachten, wie sie die Natur, den Geist, und endlich die Beziehung beider als sinnliches Sein aufnimmt, und sich als seiende Wirklichkeit sucht." (138)

Das Organische ist das sich selbst Erhaltende, da alle seine Bestimmungen unter der organischen Einheit gebunden sind. D.h., das wesentliche Merkmal des Organischen ist seine "einfache Einheit" gegenüber anderen Dingen. Dagegen ist das Anorganische, durch die "Freiheit der losgebundenen Bestimmtheiten", nur mit einem anderen Ding in Verbindung vollständig. Die vier Elemente und die Klimazonen der Erde, die anorganische Umwelt, bestimmen und reflektieren nach Hegel die grundsätzliche Beschaffenheit des Lebens. Trotz dieser Unterschiede sind beide, organische und anorganische Natur, für den Beobachter im Wesentlichen unabhängig und frei voneinander. Sie sind weder nur *anundfürsich* noch allein verständlich. Deshalb muß die Beziehung beider zueinander untersucht werden. Und schon erscheint eine Gesetzmäßigkeit: "Hier ist also das Gesetz, als die Beziehung eines Elements auf die Bildung des Organischen vorhanden, welches das elementarische Sein einmal gegen sich über hat, und das andremal es an seiner organischen Reflexion darstellt." (145) Was hier beschrieben wird, ist der Anpassungsvorgang von Lebewesen an die Umwelt. Diese beeinflußt die Beschaffenheit der Organismen, und man kann so vom Bau der Organismen auf ihren Lebensraum schließen. Allerdings, so wendet Hegel gleich ein, ist die Differenziertheit des Organischen wesentlich größer, als sich aus den Elementen ableiten läßt. Die "organische Freiheit" kann ihre Formen den Bestimmungen wieder entziehen, d.h., ursprünglich perfekt angepaßte Lebewesen können auch in einer neuen Umwelt lebensfähig sein, daher sind ständig Ausnahmen dieses Gesetzes zu beobachten. Selbst bei denen, die unter die Gesetze fallen, bleibt die Rekonstruktion oberflächlich, da die Bestimmung des wirkenden Elements äußere Beobachtung ist. Demzufolge ist die Ableitung, d.h., die Auswirkung des Elements auf den Organismus, unklar. Die Notwendigkeit der Anpassung läßt sich aus den Elementen nicht ableiten. Da die Erscheinungen des Organischen, z.B. Körperbau, durch die Elemente nicht vollständig zu erklären sind und außerdem die Ableitung des einen vom anderen nicht zwangsläufig erfolgt, sondern Ausnahmen zu beobachten sind, will Hegel diese Beziehung nicht Gesetz, im naturwissenschaftlich-mechanistischen Sinne, nennen. Der Begriff der Negativität beinhaltet zwar die Positivität, beispielsweise beim Elektrischen. Und der Körperbau der Fische wird immer zusammen mit dem Wasser angetroffen, jedoch, so Hegel, liegt im Begriffe des Wassers nicht der Bau der Fische begründet. Um das zu unterstreichen, weist die Natur Formen wie Laufvögel und Amphibien auf, die ihrer Umwelt zwar optimal angepaßt sind, aber vom Körperbau her auch in einem anderen Element zu Hause sind bzw. waren. Hegel faßt das treffend zusammen: "Die Notwendigkeit, weil sie als keine innere des Wesens begriffen werden kann, hört auch auf, sinnliches Dasein zu haben, und kann nicht mehr an der Wirklichkeit beobachtet werden, sondern ist aus ihr herausgetreten." (146) Die Gründe für die Beschaffenheit der Organismen sind also mit reiner Beobachtung nicht zu ergründen.

Warum können wir die Notwendigkeit nicht empirisch ableiten? "So an dem realen Wesen selbst sich nicht findend, ist sie das, was teleologische Beziehung genannt wird, eine Beziehung, die den Bezogenen äußerlich, und daher vielmehr das Gegenteil eines Gesetzes ist. Sie ist der von der notwendigen Natur ganz befreite Gedanke, welcher sie verläßt, und über ihr sich für sich bewegt." (146) Das Wesen des Organischen wird letztlich nicht durch die Beziehung auf die elementarische Natur, die Umwelt, ausgedrückt, sondern durch das zweckmäßige Tun. Das beobachtende Bewußtsein nimmt dieses nicht als Wesen des Organischen wahr, es wertet es zu einer äußeren teleologischen Beziehung ab. Das Organische ist aber, so Hegel, der reale Zweck selbst, da das Organische sich in bezug auf anderes selbst erhält. Im Organischen reflektiert sich die Natur in den Begriff und nimmt darin Ursache und Wirkung zusammen. In der Notwendigkeit sind diese Momente noch getrennt, als Resultat der Notwendigkeit und der im Nachhinein gefundenen Ursache. So ist das Letzte das Erste und der Zweck, den es verwirklicht. "Das Organische bringt nicht etwas hervor, sondern erhält sich nur, oder das was hervorgebracht wird, ist ebenso schon vorhanden, als es hervorgebracht wird." (146)

Hegel fragt nun: Wie findet sich der Vernunftinstinkt in dieser Bestimmung und warum erkennt er sich darin nicht? Zunächst die Definition: "Der Zweckbegriff also, zu dem die beobachtende Vernunft sich erhebt, wie es ihr bewußter Begriff ist, ist eben so sehr als ein Wirkliches vorhanden; und es ist nicht nur eine äußere Beziehung desselben sondern sein Wesen." (147) Der beobachtenden Vernunft erscheint der Zweckbegriff lediglich als eine äußere Beziehung, d.h., etwas wird für etwas anderes als zweckmäßig betrachtet. In der Tat bezieht sich das Wirkliche auf anderes, d.h., unmittelbar sind beide, das Wirkliche und der Zweck, selbständig und zufällig gegeneinander. Die Sache verhält sich aber anders, als es dem sinnlichen Wahrnehmen scheint: "[...] die Notwendigkeit ist an dem, was geschieht, verborgen, und zeigt sich erst am Ende, aber so, daß eben dies Ende zeigt, daß sie auch das erste gewesen ist." (147) Es kommt nichts anderes heraus, als das, was schon vorhanden war. Das Organische erreicht nur sich selbst. Das ist das organische Selbstgefühl, sagt Hegel. Sogar das tastende Suchen des Lebens hat nur sich selbst als zu Findenes. "Es ist hiemit zwar der Unterschied dessen, was es ist, und was es sucht, vorhanden, aber dies ist nur der Schein eines Unterschieds, und hiedurch ist es Begriff an ihm selbst." (147) Die Antwort auf die oben gestellte Frage beantwortet Hegel also folgendermaßen: Die Befriedigung des Vernunftinstinktes ist durch einen Gegensatz entzweit. Die Spaltung im Selbstbewußtsein verläuft zwischen Instinkt, wenn auch dem der Vernunft, und Bewußtsein. Der Vernunftinstinkt findet die Vernunft in der Natur selbst als ein Ding, macht aber zwischen dem Gefundenen und sich selbst instinktiv einen Unterschied. Er findet sich selbst als Zweck außerhalb des Dinges, aber auch den Zweck als gegenständlichen in der Natur. Da der Vernunftinstinkt die Spaltung nicht aufheben kann, fällt ihm der Zweck "[...] daher auch nicht in sich als Bewußtsein, sondern in einen andern Verstand." (147)

Das hängt u.a. mit der Beschaffenheit des Dinges zusammen, welches Hegel folgendermaßen definiert: "[...] es ist seine Natur, die Notwendigkeit zu verbergen und in der Form zufälliger Beziehung darzustellen [...]." (147f) Die beobachtende Vernunft kann die Entbergung dieser Zweckmäßigkeit nicht leisten. Das *Fürsichsein* des Dinges besteht eben darin, sich gegen sein Notwendiges als ein Gleichgültiges zu verhalten. Der Begriff fällt dann scheinbar außerhalb des Seins. "So ist das organische Ding für sie [die Vernunft, E.L.] nur so Zweck an ihm selbst, daß die Notwendigkeit, welche in seinem Tun als verborgen sich darstellt, indem das Tuende darin als ein gleichgültiges für sich Seiendes sich verhält, außer dem Organischen selbst fällt." (148) Das Organische ist Zweck, und der Zweck ist Organisches und kann demzufolge beobachtet werden. An dem organischen Sein erkennt aber die beobachtende Vernunft den Zweckbegriff nicht, oder sie verkennt ihn in seiner Dinghaftigkeit. D.h., es sucht den Zweck außerhalb des Organischen in einem Verstande, und es unterscheidet fälschlich zwischen Zweckbegriff und der Selbsterhaltung des Organismus. "Es [das beobachtende Bewußtsein, E.L.] macht einen Unterschied, zwischen dem Zweckbegriffe, und zwischen dem Fürsichsein und sich selbst Erhalten, welcher keiner ist." (148)

In Wahrheit bildet beides eine Einheit, die das beobachtende Bewußtsein jedoch nicht erkennt. Das Tun der Selbsterhaltung, das scheinbar gleichgültig gegen den Zweck ist, knüpft diese Einheit. Dem Organischen ist das Tun eigen. Hegel unterscheidet zwischen dem Tun mit dem "Charakter der Einzelnheit", welches nur Mittel ist und durch zufällige Notwendigkeit bestimmt wird und dem Tun mit dem "Charakter der Allgemeinheit". Die beobachtende Vernunft ordnet dem Organischen nur das erstgenannte Tun zu. Beim Zweiten sind Tun und das Hervorgebrachte als zweckmäßiges Tun gleichgesetzt, so daß es dem Organischen scheinbar nicht angehört. Die Erhaltung des Individuums und der Gattung ist dann, dem unmittelbaren Inhalt nach, gesetzlos, da das Allgemeine bzw. der Begriff für die beobachtende Vernunft außerhalb des Organischen liegt. Damit ist die Wirksamkeit herabgesetzt zu einer Sache *ansich*, zu einer "Tätigkeit nur eines Seienden als Seienden". Dem ist aber nicht so, sagt Hegel: "Das Sein aber, dessen Wirksamkeit die hier betrachtete ist, ist gesetzt als ein in seiner Beziehung auf sein Entgegengesetztes sich erhaltendes Ding; die Tätigkeit als solche ist nichts als die reine wesenlose Form seines Fürsichseins, und ihre Substanz, die nicht bloß bestimmtes Sein, sondern das Allgemeine ist, ihr Zweck fällt nicht außer ihr; sie ist an ihr selbst in sich zurückgehende, nicht durch irgend ein Fremdes in sich zurückgelenkte Tätigkeit." (149) Dem Organischen kommt das Tun mit dem "Charakter der Allgemeinheit" zu.

Warum kann die beobachtende Vernunft das nicht erkennen? Weil die zu erkennende Einheit eine innere Bewegung des Organischen ist, die "nur als Begriff aufgefaßt" werden kann. Die Momente der Form des Seins und Bleibens, die die Vernunft sucht, können am Organischen nicht beobachtet werden. So wandelt Vernunft den Gegensatz in eine für sie faßbare Beziehung um. Das organische Wesen erscheint darum als "Beziehung zweier seiender und fester Momente", die sowohl in der Beobachtung begründet sein sollen, als auch den Gegensatz zwischen Zweckbegriff und Wirklichkeit ausdrücken. Der Begriff als solcher ist getilgt, so daß die beobachtende Vernunft in das Meinen und Vorstellen herabsinkt: "So sehen wir den ersten [den Zweckbegriff, E.L.] ungefähr unter dem Innern, die andere [die Wirklichkeit, E.L.] unter dem Äußern gemeint, und ihre Beziehung erzeugt das Gesetz, daß das Äußere der Ausdruck des Innern ist." (149) In diesem Gesetz scheinen die beiden Komponenten nicht eigenständige und getrennte Teile zu sein, und das Allgemeine liegt nicht außerhalb des Seienden. Dieses Gesetz ist nur die Ausdeutung der Wahrheit durch das beobachtende Bewußtsein. Dagegen sagt Hegel: "[...] das organische Wesen ist ungetrennt überhaupt zu Grunde gelegt, als Inhalt des Innern und Äußern, und für beide dasselbe; der Gegensatz ist dadurch nur noch ein rein formeller, dessen reale Seiten dasselbe Ansich zu ihrem Wesen [...] haben." (149) So lautet, am Ende von Hegels Phänomenologie-Exkurs auf die teleologische Beziehung, die Bestimmung des Organischen.

Im Grunde beschäftigen Hegel in diesem Abschnitt drei Probleme: das des Organischen, das der Teleologie und als Resultat, das der Einheit beider. In der Phänomenologie findet Hegel am Organischen den Zweckbegriff und zeigt daran, daß die Selbständigkeit der Unterscheidungen nur scheinbar vorhanden ist und sich in der organischen Einheit auflöst. Das liegt schon in der Wahrnehmung des endlichen Seins begründet: "[...] der Gegenstand ist vielmehr in einer und derselben Rücksicht das Gegenteil seiner selbst; für sich, insofern er für anderes, und für anderes, insofern er für sich ist." (79)

Hegels Bestimmung des Organischen ist eine Absage an die mechanistische Naturauffassung seiner Zeit, die, neben der Kritik des naturphilosophischen Formalismus der Romantik, die *Phänomenologie* bestimmt. Die Definition des Organischen durch die teleologische Beziehung ist klar an Aristoteles geschult. Schon in der Vorrede macht Hegel das deutlich: "Allein, wie auch Aristoteles die Natur als das zweckmäßige Tun bestimmt, der Zweck ist das Unmittelbare, das Ruhende, welches selbst bewegend, oder Subjekt ist." (20) Hegel ist davon überzeugt, daß Aristoteles mehr von der Natur verstanden habe als die Naturforscher und Philosophen des 18. Jahrhunderts. Die Naturwissenschaften und damit die Geologie mit der Paläontologie und die Biologie mit der Zoologie und Botanik erlebten in dieser Zeit einen starken Aufschwung. Der Entwicklungsgedanke kristallisierte sich heraus, ohne sich durchzusetzen.

Auf den ersten Blick sieht es so aus, als ob sich Hegel der Deszendenztheorie verschließt und an deren Stelle die Teleologie stark macht, die schon damals in keinem guten Ruf stand. Entwicklungsgedanke und Teleologie schließen sich nicht aus. Erst die Selektionslehre Darwins erklärt das Organische mechanisch nach Gesetzen und versucht die Teleologie zu eliminieren, indem die Zweckmäßigkeit erst am Resultat abzulesen ist, benutzt aber die Teleologie als heuristische Methode.[89] Die Organismen erhalten sich bei Hegel, aufgrund ihrer teleologischen Anlage, nur selbst, sind sich also Selbstzweck. Der Selbsterhaltungstrieb ist die unterste Stufe in der Hierachie der Zwecke. Diese Erhaltung findet auch dann statt, wenn sich die Umweltbedingungen ändern. Das schließt die Möglichkeit der Mikroevolution ein.

Über die Entstehung neuer Arten machte man sich in der zeitgenössischen Naturforschung kaum Gedanken.[90] In Hegels Naturverständnis gibt es Bewegung. Die mechanischen Vorgänge sind beim Organischen auf ein bestimmtes Ziel hin gerichtet. Der Endeffekt ist die Ursache für diesen Prozeß überhaupt, der damit ein teleologischer ist.

Durch den Bezug Hegels auf Aristoteles versteht man die Beziehung zwischen Zweckmäßigkeit und Notwendigkeit besser. "Des Aristoteles Begriff von der Natur ist vortrefflicher, als der gegenwärtige; denn die Hauptursache ist bei ihm die Bestimmung des Zwecks, als die innere Bestimmtheit des natürlichen Dinges selbst. [...] er hat dabei die immanente innere Zweckmäßigkeit vor Augen, zu der er das Nothwendige als eine äußere Bedingung betrachtet."[91] Der Zweck ist nicht nur Ziel der Bewegung, sondern auch das Bewegende darin. Die äußerliche Notwendigkeit wird als Zufall bestimmt. Aristoteles hat die äußere Zweckmäßigkeit, wonach eine Sache nützlich bzw. zweckmäßig für eine andere ist, überwunden. Den Zweck definiert Hegel später genauer: "Der Zweck ist der in freie Existenz getretene, für-sich-seiende Begriff, vermittelst der Negation der unmittelbaren Objektivität."[92] Er ist die Aufhebung des Mechanismus und des Chemismus. Der Begriff als Anlage im Innern ist dazu bestimmt, etwas Objektives zu werden.[93] Zur Bestimmung von Identität gehört Negativität, Bewußtsein des möglichen Andersseins. Zusammenfassend schreibt Hegel deshalb: "Die Naturbeobachtung findet den Begriff in der unorganischen Natur realisiert, Gesetze, deren Momente Dinge sind, welche sich zugleich als Abstraktionen verhalten; aber dieser Begriff ist nicht eine in sich reflektierte Einfachheit. Das Leben der organischen Natur ist dagegen nur diese in sich reflektierte Einfachheit, der Gegensatz seiner selbst, als des Allgemeinen und des Einzelnen, tritt nicht im Wesen dieses Lebens selbst auseinander; das Wesen ist nicht die Gattung, welche in ihrem unterschiedslosen Elemente sich trennte und bewegte, und in ihrer Entgegensetzung für sich selbst zugleich ununterschieden wäre." (167)

Was hat das mit der Einheit des Naturbegriffs zu tun? Dessen Einheit ist dann gegeben, wenn die Natur als Inbegriff aller unmittelbaren Wirklichkeit, das Sein, verstanden wird. Eine Einschränkung dieser Natur-Auffassung erfolgt in den

Naturwissenschaften, die unter Natur Gesetzmäßigkeiten verstehen. Der Mensch steht in einem speziellen Verhältnis zur Natur. Er ist Teil des Organischen. Seine Beziehung zum Anorganischen wird ihm bei den Auswirkungen von Naturkatastrophen bewußt. Er gehört aber auch in den Bereich des Geistes, und die Besonderheit seiner Stellung ist durch die Teilhabe an beiden Bereichen gekennzeichnet. Von seiner überlegenen Stellung aus versucht der Mensch, der Natur seine Herrschaft und seine Zielsetzungen aufzudrängen und sie zu entteleologisieren.

Im zweiten Teil seiner Kritik der Urteilskraft, der Kritik der teleologischen Urteilskraft, geht Kant auf dieses Problem ein. Danach ist in der organischen Natur, welche aus sich selbst organisierenden und erhaltenden Wesen besteht, die sich selbst zur Ursache und Wirkung haben, eine materielle und objektive Zweckmäßigkeit auszumachen. Die Idee der objektiven Zweckmäßigkeit ist zwar nicht empirisch nachweisbar, fördert aber das Verständnis der Natur als Einheit, die uns sonst nicht gegeben sei. Gegen diese Ansicht bezieht Hegel Stellung. Er wendet den Einheitsgedanken gegen Kants Antinomie von Freiheit und Naturgesetz. "Vernunft" existiert als organische Gliederung in sozialer Ordnung, Verfassung und Natur. Das Prinzip der Welt ist das Absolute, welches sich in der Natur verwirklicht und als Geist zu sich selbst zurückkehrt. Die Einheit der Vielheit ist in diesem Absoluten begründet. Hier weiß sich Hegel mit Goethe einig, der, ohne einem einseitigen Monismus zu verfallen, die Einheit der Gegensätze vertrat. Für Goethe war die Natur allerdings "alles", für Hegel die freie Selbstentäußerung des Geistes. Letztlich ist Hegels Auffassung des Organischen und der Zweckbeziehung wohl von Leibniz geprägt, dessen Harmonie er aber in der Einheit der Natur aufhebt: "Die Seelen handeln gemäß den Gesetzen der Zweckursachen, durch Begehrungen, Mittel und Zwecke. Die Körper handeln gemäß den Gesetzen der wirkenden Ursachen oder der Bewegungen. Und diese beiden Reiche, das der wirkenden und das der Zweckursachen, stehen in Harmonie unter einander."[94]

Wie "das Wahre das Ganze ist", so ist für Hegel die Natur eine Einheit. Beides ist nur deshalb so, weil die teleologische Beziehung Wirklichkeit ist. Das Ganze ist nur das Wahre, wenn es Resultat ist, d.h., wenn es sein Ende als Zweck zum Anfang hat, wenn es zu sich selbst gekommen ist: "Die Natur ist *an sich* ein lebendiges Ganzes; die Bewegung durch ihren Stufengang ist näher dies, daß die Idee [...] auch diese Bestimmtheit [...] aufhebe und sich zur Existenz des Geistes hervorbringe, der die Wahrheit und der Endzweck der Natur und die wahre Wirklichkeit der Idee ist."[95] So ist das Motiv der Hegelschen Naturteleologie die übergeordnete Einheit von Zivilisationsgeschichte als Universalgeschichte und Naturganzem.

3. Teilhard de Chardin

3.1. Leben, Werk und Wirkung

Umfangreiche Veröffentlichungen haben Teilhards Lebenslauf untersucht.[96] Hier soll dieser kurz erwähnt werden, weil seine geistige Biographie in einem engen Zusammenhang zu seinem Leben steht und eine wichtige Voraussetzung zum Verstehen seiner Werke ist. Im wesentlichen lassen sich drei Phasen bzw. Einflüsse unterscheiden, die ineinander übergehen und die Teilhard schon in jungen Jahren begegnen. Das war zum einen seine ursprüngliche Liebe zur Materie, die sich schließlich im Studium der Paläontologie äußerte, zum anderen der christliche Glaube, der ihn in den Jesuitenorden führte. Das Schlüsselerlebnis, welches zur Synthese beider führte, war, wie bei so vielen Intellektuellen dieser Zeit, der Erste Weltkrieg. In seinen Tagebüchern hat Teilhard Zeugnis davon abgelegt.[97]

Pierre Teilhard de Chardin wurde 1881 in der Nähe von Clermont-Ferrand/Auvergne auf dem Stammsitz der Familie geboren. Er besuchte eine von Jesuiten geleitete Schule und trat in diesen Orden 1899 ein. Danach studierte er Philosophie, Theologie, Geologie und Paläontologie und erhielt 1911 die Priesterweihe. Am gesamten Ersten Weltkrieg nahm er als Sanitäter und Seelsorger an vorderster Front teil und wurde mehrmals ausgezeichnet.[98] In dieser Zeit entstanden erste naturphilosophische Studien, die schon den Kern seiner späteren Thesen enthalten. 1922 wurde er zum Doktor der Naturwissenschaften promoviert und erhielt eine außerordentliche Professur, die er aufgrund von Streitigkeiten mit der Kirche bald aufgeben mußte. Seit 1923 befand er sich ständig auf Ausgrabungsreisen, vor allem in China, wo er sich einen Namen als Paläontologe machte und 1939 bis 1946 in Peking festsaß, da der Zweite Weltkrieg eine Ausreise verhinderte. Die Ordensleitung duldete ihn auch danach nicht in Frankreich und verbot ihm die Annahme eines Lehrstuhls in Paris sowie den Druck seines Hauptwerkes "Der Mensch im Kosmos", das dann 1955 postum erschien. 1950 wählte ihn die französische Akademie der Wissenschaften zu ihrem Mitglied. Seit 1951 hatte er seinen ständigen Wohnsitz in New York, wo er auch starb. Bis zu seinem Tod 1955 unternahm er weitere Forschungsreisen, vor allem nach Südafrika.

Teilhards Philosophie speist sich, neben der christlichen Religion und der Aristoteles-Tradition, im wesentlichen aus zwei Quellen: der Verbindung aus beidem bei Thomas von Aquin und der Lebensphilosophie Henri Bergsons. Mit dem Werk des letzteren war er besonders vertraut. Er verehre Bergson "wie eine Art Heiligen", schrieb Teilhard 1930.[99] Er soll der französische Theologe (!) sein, "der wohl am nachhaltigsten von Bergson beeinflußt wurde".[100] Das Verhältnis beider Denker zueinander wurde genauestens untersucht.[101] Hier können nur kurz einige Thesen Bergsons angebracht werden, die für Teilhard eine besondere Bedeutung hatten. Bergsons naturphilosophischer Grundgedanke, der in Frankreich jahrzehntelang bestimmend war, schlägt sich im Titel seines wirkungsmächtigsten Buches nieder: "Schöpferische Entwicklung" (1907). Das Leben ist schöpferische Aktivität und kann nur intuitiv erfaßt, nicht begriffen werden. Das Universum entwickelt sich frei, durch immanenten Lebensdrang: "Die Natur ist mehr und ist besser als ein Plan, der sich verwirklicht. Denn ein Plan ist das einem Werk vorgezeichnete Endziel: er schließt die Zukunft ab, deren Form er umreißt. Vor der Entwicklung des Lebens dagegen bleiben die Tore der Zukunft breit offen. Schöpfung ist sie, die sich kraft einer Ursprungsbewegung folgt und folgt ohne Ende."[102] Beide Denker verbindet der Glaube an Gott, der den Ausweg aus Relativismus und Pessimismus weist: "Von einer vermeintlichen Notwendigkeit als Sklaven gedemütigt, werden wir uns wieder zu Herren erheben, die mit einem größeren Herrn verbündet sind."[103] Hier deutet sich die Verantwortung des Menschen vor der ganzen Schöpfung an, der Mensch ist ein "Mitwirkender". In dem wesentlichen Punkt der Finalität unterscheiden sich Teilhard und Bergson allerdings deutlich: Bergson betont die Divergenz, Teilhard die Konvergenz der Evolution, die auf *ein* vorausliegendes Ziel verweist. Eben das, die Vorhersehbarkeit und Berechenbarkeit der Finalität, teilt Bergson mit Teilhard nicht.[104] Beide brachten den Menschen Fortschritte im Denken, indem sie die gewohnten Bahnen verließen.[105]

Was hier noch zu Teilhards Weltbild fehlt, ist bei dem christlichen Aristoteliker Thomas zu finden: die Telefinalität als fünfter Weg zu Gott, zu dem alle Naturdinge und der Mensch gezielt hingeordnet sind. Gott als die Ursache und der Endzweck der von ihm geschaffenen Welt, der er aber eine begrenzte Kausalität gewährt. Dadurch kann Thomas den freien Willen und den Zufall in sein Weltbild integrieren. Außerdem könnte die Entwicklungslehre mit den Auffassungen des Thomas vereinbar sein.[106] Als Vorankündigung zu seiner Schrift "Mein Glaube", die der Mission dienen sollte, schreibt Teilhard 1934 in einem Brief von der Notwendigkeit eines Buches über das Christentum zur Belehrung des Fernen Ostens: Es müßte "[...] etwas von der Fülle und Gelassenheit des letzten Buches von Bergson haben. Eine natürliche und durchkonstruierte Entwicklung der Ideen. Die Genese eines Glaubens an Christus im Ausgang von dem einfachen Glauben ans Sein [...]. Mit der Leidenschaft für die Wahrheit. - Wer wird uns diese SUMMA AD GENTILES geben?"[107] Beide, Bergson und Thomas, kehren wieder. Es bestehen noch Beziehungen zu anderen Denkern. Sei es, daß Teilhard sie gelesen hat, wie Maurice Maeterlinck, Pascal und Platon, der zu seiner Kriegslektüre gehörte[108], oder, daß er mit ihnen in Briefkontakt stand, wie beispielsweise mit Maurice Blondel. Es gibt aber auch Denker, zu denen, neben der reinen Lektüre, starke inhaltliche Übereinstimmungen festzustellen sind: z.B. Alexander v. Humboldt, F.W.J. Schelling und Alfred N. Whitehead.[109] Über den Schriftsteller und Religionsforscher Eduard Schuré bestehen gedankliche Beziehungen zur Theosophie-Bewegung.[110] Viele dieser

Berührungspunkte zu anderen Denkern sind untersucht worden.[111] Wenig beachtet wurde bisher seine intensive Auseinandersetzung mit Ralph Waldo Emerson und dessen theistischer Teleologie in den Jahren des Ersten Weltkrieges.[112]

Das Werk Pierre Teilhard de Chardins umfaßt ca. 700 Aufsätze und einige Bücher, von denen zu Lebzeiten vorwiegend die rein naturwissenschaftlichen, v.a. paläontologischen Aufsätze und Bücher erschienen sind.[113] Seine philosophischen Schriften, in denen er eine Synthese von Naturwissenschaft und Christentum aufzuzeigen versuchte, durften nur vereinzelt erscheinen. Teilhard war Jesuit und daher von der Erteilung der Imprimatur durch die Ordensleitung abhängig. Diskussionen um seine Erkenntnisse konnte es deshalb zu seiner Zeit nur beschränkt geben. Eine besondere Stellung nimmt hier der Philosoph Édouard Le Roy ein. Dieser war wie Teilhard Bergsonianer und Nachfolger Bergsons auf dessen Lehrstuhl. "Da er das Denken Teilhard de Chardins jedoch teilte und seinen Schülern dessen wenige, mit Maschine geschriebenen Broschüren zugänglich machte, räumte er ihm in seinem eigenen Werk trotzdem einen bedeutenden Platz ein und machte ihn so bekannt."[114] Kurz nach Teilhards Tod setzten umfangreiche Bemühungen ein, eine Gesamtausgabe seiner Werke zu veranlassen. Zunächst in französischer und wenig später größtenteils auch in deutscher Sprache. Nach dem Erscheinen der wichtigsten Schriften setzte, insbesondere in diesen Ländern, ein wahrer "Teilhard-Boom" ein.[115] Es wurden zahlreiche Interpretationen zum Werk allgemein und zu einzelnen Problemen veröffentlicht. Fast die gesamte Literatur zu Teilhard erschien in den sechziger und Anfang der siebziger Jahre.[116] Von 1964 bis 1976 erschien die "Acta Teilhardiana" in Deutschland, wie auch in vielen anderen europäischen Staaten. In dieser Zeit gab es zahlreiche Teilhard-Gesellschaften. Die Diskussion um die Ideen und Erkenntnisse Teilhards reichte bis in den Ostblock.[117] Insbesondere dort, aber auch in marxistischen Kreisen des Westens, hoffte man, einen "dialektischen Materialismus" in seinen Schriften ausfindig machen zu können und gab sich große Mühe, diesen herein zu interpretieren. Natürlich erhielten seine Schriften Widerspruch, u.a. aus dem linksliberalen Lager, das Teilhard vorwarf, keinen Platz für die Demokratie in seiner "Elite-Philosophie" zu haben und tendenziell eurozentristisch zu sein.[118] Kritik kam, wie schon zu Lebzeiten, auch aus dem eigenen Orden und der katholischen Kirche.[119] Generell haben seine Schriften eine neue Epoche der Auseinandersetzung der katholischen Kirche mit den modernen Naturwissenschaften eingeleitet. Das sieht mittlerweile auch der Papst so: "Abgesehen von den Schwierigkeiten des Entwurfs und den Schwächen des Ausdrucks dieses kühnen Versuchs einer Synthese, wird unsere Zeit zweifellos das Zeugnis der Einheit des Lebens eines Mannes festhalten, der in seinem tiefsten Sein von Christus ergriffen und gleichzeitig bemüht war, den Glauben und die Vernunft in gleicher Weise zu ehren [...]."[120]

3.2. Die naturwissenschaftliche Basis

Teilhards Forschungen und seine Methode sind naturwissenschaftlich. Deshalb ist seine Weltschau im weitesten Sinne Naturphilosophie. Er selbst hat seine Forschungen als Phänomenologie im Wortsinne, als Lehre vom Erscheinenden, bezeichnet. Es ging ihm um die Beschreibung der Phänomene. Dabei überschreitet er allerdings die Grenzen der Beschreibung und kommt letztlich zu einer Ganzheitsschau, zu "[...] eine[r] Ausweitung unserer biologischen Perspektiven [...]." (ZM 169) Er betrachtet sich als "alten Student des Lebens" (LE 227), als in der Tradition der griechischen Naturphilosophen stehend, welche die empirische Beobachtung in einen umfassenden Zusammenhang zu bringen versuchten.[121] "Weil ich mich darauf beschränke, eine energetische Achse zu definieren, die quer zu jener der Entropie verläuft, so spreche ich natürlich meiner Gewohnheit nach als reiner 'Physiker' (und nicht als Metaphysiker) - indem ich hartnäckig auf der Ebene des Phänomens bleibe."[122] Die grundlegenden Phänomene sind das Universum und der Mensch, wissenschaftlich die Kosmologie und die Anthropologie. Der Mensch ist der Schlüssel zum Verständnis des Universums. Die Phänomenologie Teilhards beschränkt sich nicht auf die äußeren Erscheinungen der Phänomene. Teilhard fordert, "[...] daß selbst eine positivistische Erklärung des Universums, wenn sie befriedigen soll, der Innenseite der Dinge ebenso wie ihrer Außenseite gerecht zu werden hat, - dem Geist ebenso wie der Materie. Die wahre Physik ist jene, der es eines Tages gelingen wird, den Menschen in seiner Ganzheit in ein zusammenhängendes Weltbild einzugliedern."(MK 8) Ist die Naturwissenschaft, als deren theoretische Grundlage Teilhard die Physik betrachtet, ein hinreichendes Erkenntnisinstrument oder deutet sich in der Rede von der Innenseite der Dinge nicht ein Bereich an, in dem die naturwissenschaftlichen Methoden nur noch dem Schein nach aufrecht erhalten werden können?

Teilhard war als Paläontologe[123] Darwinist. Als Jesuit wollte er das Primat der Schöpfung bewahren. Der Konflikt dieser Haltungen, in dem Teilhard zu vermitteln versuchte, und die Haltungen selbst sind heute weniger klar denn je. "Der Streit zwischen Anhängern des Kreationismus und den Vertretern des Evolutionismus ist [...] kein realer, da ja die beiden Gegner, solange jeder auf seinem Boden bleibt, nicht aufeinanderprallen können."[124] Beide Auffassungen haben andere Geltungsebenen: die Schöpfung ist transzendent, die Evolution immanent. Das eine kann das andere nicht erklären. Fraglich ist dann, ob es eine Synthese, wie die Teilhards, unter diesen Voraussetzungen geben kann, in dem Sinne, daß es Schöpfung nicht nur am Anfang gab, sondern die schöpferische Kraft noch immer wirksam ist. Überhaupt ist zunächst fragwürdig, wie die "Geschichte der Natur" zu interpretieren ist, wenn sich der moderne Stand der Evolutionsforschung wie folgt skizzieren läßt: "Es gibt keine absolute Wahrheit, keine endgültigen Fakten. Was es gibt sind unterschiedliche Sichtweisen der Dinge."[125] Die scheinbare alleinige Gültigkeit der Evolutionstheorie wird durch einen erkenntnistheoretische Einwand eingeschränkt: "Wird die Idee der Evolution [...] der Beobachtung vorausgestellt, so wird die Welt im Licht dieser Theorie erscheinen."[126] Beide Dinge, Theorie und Empirie, müssen daher auseinandergehalten werden, um Zirkelschlüsse und Tatsachenbehauptungen zu vermeiden.[127] Die Evolution ist eine Theorie, da ihre Thesen begrenzt testbar sind. Die Forderung nach strenger Überprüfbarkeit ist generell nicht zu erfüllen, da keine Testanordnung einen absoluten Test darstellt, sondern in Abhängigkeit vom jeweiligen Wissensstand konstruiert wird.[128] Dogmen, wie "biblizistischer Kreationismus" und "materialistischer Evolutionismus", führen nicht weiter. Das sind künstliche Fronten, weltanschauliche keine wissenschaftlichen. Nicht erst seit Teilhard deutet sich eine Vermittlung immer mehr an, setzt sich aber schwer durch. Joachim Illies, ein protestantischer Biologe, schreibt: "Beides ist also wahr - der Weg der biologischen Evolution, in dem die Materie sich in die Sphären des Geistes erhebt, *und* die religiöse Evolution, in der der Geist in die Tiefen der Materie absteigt."[129] Danach ist der Glaube an die Schöpfung selbst das Ziel der Evolution. Ob Evolution oder/und Schöpfung, ist daher vor allem eine Wahrnehmungsfrage. Dazu muß man beides, Evolution und Schöpfung, für eine Tatsache halten, wie es Teilhard tut, der die Synthese beider durch Christus gewährleistet sieht. Teilhards Auffassung von Evolution wird von den o.g. Einwänden nicht berührt, da sein Konzept viel grundlegender ist. Die Evolution ist keine Hypothese, "[...] sondern eine Bedingung, der von nun an alle Hypothesen genügen müssen." (SV 358)[130] Die Evolutionstheorie schließt eine teleologische Interpretation nicht aus. Man kann, unter Annahme der Evolution, zu einer teleologischen Interpretation der Entwicklungsgeschichte des Organischen kommen, wie es Teilhard tut, wenn er von der "Neoanthropozentrik" als der Richtung der Evolution spricht und sie so durch Personalisierung finalisiert. (SV 359) Nach Thomas S. Kuhn liegt in dieser Möglichkeit "der beunruhigenste Aspekt der Darwinschen Theorie".[131] Genau dort setzt Teilhard durch seine Finalisierung des Darwinismus als Orthogenese, nach der die Evolution eine Richtung hat, an.

Eine zentrale naturwissenschaftliche Frage bei Teilhard ist die nach dem Aufbau der realen Welt. Insbesondere wie Leben entstehen konnte, wenn man als Ausgangsbasis nur materielle Substanz annimmt, beschäftigt ihn. Gibt es zwei Grundprinzipien oder nur eines? Wie sind Materie und Geist zusammenzubringen, wenn sie nicht schon von Anfang an zusammen bestanden haben?[132] Was ist Leben und wie unterscheidet es sich von Materie? Im Monismus wird der Unterschied, der zwischen beiden besteht, geleugnet, oder es werden beide in einer ursprünglichen Einheit gesehen. Der Dualismus hingegen vertritt die Auffassung, daß beide gleichzeitig und getrennt existieren. Nach Teilhard sind "Vielheit, Einheitlichkeit,

Energie: die drei Seiten der Materie." (MK 14) Von dieser grundsätzlichen Definition ausgehend hat er eine komplizierte Bestimmung der Materie entwickelt, die diese Materie in der jeweiligen erdgeschichtlichen Phase neu faßt. "Seit der Verselbständigung unseres Planeten findet sich eine bestimmte Masse elementaren Bewußtseins vom Ursprung her in der Erdmasse gefangen."(MK 48) Teilhard geht von einem monistischen Gedanken aus und behauptet, daß in der Materie schon immer stillschweigend der Keim für das Leben existierte. Materie und Geist sind in einem bifazialen, doppeldeutigen Weltstoff enthalten. Nach Teilhards speziellem Begriff von Evolution ist das Resultat schon im Ursprung angelegt. Diese Auffassung nennt man Präformationismus.[133]

Das Modalproblem des möglichen Seins und der Satz vom zureichenden Grund, nach Leibniz' Formulierung, spielen hier eine besondere Rolle. Von diesen Überlegungen läßt sich Teilhard leiten. Der Sprung von der leblosen Materie zum Leben ist sonst schwer zu begründen. Ebenso die Entstehung des Bewußtseins, der Teilhard mit derselben Grundanschauung begegnet. Für die Entfaltung der vorhandenen Möglichkeiten ist die gesetzmäßige Zunahme der Komplexität verantwortlich. "Wir müssen unter dieser ersten mechanischen Schicht eine 'biologische' Schicht annehmen, die zwar äußerst dünn, aber absolut unentbehrlich ist, um den Zustand des Kosmos in den folgenden Zeiten zu erklären." (MK 32) Wolfgang Stegmüller hat versucht eine andere Annäherung an das Problem des Lebens zu zeigen. Mit seiner "Methode der paradigmatischen Beispiele" will er das Definitionshindernis, daß keine endgültigen Kriterien für das Leben vorhanden sind, umgehen. "Vorausgesetzt wird im vorliegenden Fall nur, daß Übereinstimmung darüber besteht, daß ein gewöhnliches Großmolekül kein Lebewesen ist, während ein wenn auch noch so primitiver Einzeller einen Beispielsfall für ein Lebewesen bildet."[134] Wenn man dann die Entstehung des einen aus dem anderen zeigen kann, aufgrund der bekannten physikalischen und chemischen Gesetze, hat man ein Modell der Entstehung des Lebens und des beispielhaften Unterschiedes zum Nicht-Lebewesen. Damit kann definiert werden, was Leben ist, weiß aber nicht wie oder wodurch es entsteht, weil nach der genannten Definition Leben durch die Summierung von Nichtleben entstehen würde. Außerdem umfaßt diese Definition nicht das wahrgenommene Phänomen Leben.[135] Beim Erklärungswert der Evolutionstheorie für die Entstehung des Bewußtseins ist Stegmüller skeptisch, da das Problem noch nicht einmal hinlänglich formuliert werden kann.[136]

Der zweite Hauptsatz der Thermodynamik behandelt die Zunahme von Entropie in einem geschlossenen System. Entropie steht für den Wert der Wärmeenergie in einem System. Deren nutzbarer Anteil, die potentielle Energie, nimmt bei Zunahme der Entropie bis zum Gleichgewichtszustand hin ab. Für die Kosmologie und Kosmogonie ist der Wärmetod ein zentrales Problem, da dieser auch unserem Universum drohen könnte, wenn unser Universum ein abgeschlossenes (räumlich endliches, physikalisches) System wäre. Leben ist nur möglich, wenn Energieunterschiede bestehen, welche die Energiezufuhr gewährleisten. Das Universum ist jedoch kein solches thermodynamisches System.[137] So bleibt, auf das Universum angewandt, der zweite Hauptsatz der Thermodynamik zumindest eine Hypothese.[138] Er widerspricht nicht dem Entstehen höherer Ordnungsstufen innerhalb der stammesgeschichtlichen Entwicklung, da Lebewesen offene Systeme sind, die durch Stoffwechsel den Wärmetod abwenden.[139] Teilhard geht zunächst von der Richtigkeit des zweiten Hauptsatzes aus und mißt ihm in seinen Überlegungen eine zentrale Rolle zu. "Wenn wir die wirkliche Entwicklung zum Maßstab nehmen, wird tatsächlich bei einer jeden Synthese etwas endgültig verbrannt, um diese Synthese zu ermöglichen. Je mehr das energetische Quantum der Welt funktioniert, desto mehr verbraucht es sich. Nach den Regeln unserer Erfahrung scheint das konkrete stoffliche Universum seinen Lauf nicht unbeschränkt fortsetzen zu können."(MK 26) Die Gültigkeit des Gesetzes sieht Teilhard durch die zielgerichtete Evolution aufgehoben. "Irgend etwas im Kosmos entgeht der Entropie - und entgeht ihr immer mehr. [...] Beim Menschen entgeht das Radiale dem Tangentialen und befreit sich von ihm. Die Flucht aus der Entropie durch Rückkehr zum Omega."(MK 266) Die Entropie scheint sich auf die materielle Seite der Welt zu beziehen, die durch den Geist gleichsam überwunden werden kann. (AM 352; LE 205ff) Die Welt ist kein

Automatismus mehr, seit dem Auftreten des Menschen. Der Mensch überwindet die Entropie.

Teilhard bezeichnet seine Schau des Universums als "Ultraphysik". "Ultra" bezeichnet dabei eine Art Quantensprung zum Vorhergehenden, das durch die Andersartigkeit des neuen Zustandes überwunden wurde, mit ihm aber noch verbunden ist, da sich der neue Zustand aus dem alten ableitet. Die Ultraphysik ist also eine völlig neue Art der Naturlehre und Naturbetrachtung. Den Präfix hat Teilhard für fast alle Bereiche seiner Erkenntnis angewandt, um die noch offenen Möglichkeiten in Schau und Entwicklung anzudeuten. So fordert er: "Keine abstrakte Metaphysik - sondern eine realistische Ultraphysik der Einigung."(ME 251) Auf den ersten Blick könnte es so scheinen, als ob Teilhard hier lediglich eine höhere Form des Physikalismus anstrebt und die Metaphysik als nicht notwendig ansieht. Dem ist nicht so. Teilhard ist vielmehr der Überzeugung, daß eine Metaphysik notwendig ist, jedoch nur das Ergebnis einer genauen und umfassenden Beobachtung der Phänomene sein kann. Ziel ist es, "[...] eine homogene und zusammenhängende Schau unserer den Menschen betreffenden Gesamterfahrung zu bieten. Ein Ganzes, das sich vor uns entfaltet."(MK 116) Das Gebiet der Metaphysik ist eine anderes, welches Teilhard aber betritt, selbst dort, wo er ausdrücklich betont, dies nicht zu tun.

Teilhard stellt ein mechanistisches Gesetz der Rekurrenz auf, das er als grundlegend für den sich in Evolution befindlichen Kosmos bezeichnet. Der aus der Mathematik stammende Terminus (rekursiv bzw. rekurrent) bezeichnet eine Formel, durch deren immer wiederkehrende Anwendung ein Problem schließlich gelöst wird. Oder auch die Eigenschaft eines mathematischen Beweisverfahrens, das die Lösung durch ein schrittweises Zurückgehen auf bekannte Werte ermöglicht (recúrrens séries - rücklaufende Reihe). In der Sprachwissenschaft bezeichnet der Terminus eine spezielle Form der Abfolge von Neubildungen. Und zwar ist die Rekurrenz bzw. Rekursivität die Eigenschaft einer Grammatik, bei der man aus Satzgliedern, nach bestimmten Formationsregeln, neue Sätze bilden kann. Auf die Entwicklung der Natur übertragen, bedeutet das bei Teilhard, daß sich zunächst auf jeder Ebene der Evolution derselbe Grundvorgang, der Prozeß der Einigung, analogisch wiederholt.

Praktisch gesprochen heißt das, die höhere Stufe setzt sich immer aus mehreren Teilen der unteren Stufe zusammen, z.B. Moleküle aus Atomen und Zellen aus Molekülen. So postuliert Teilhard "[...] keineswegs eine geometrische Synthese a priori, bei der von einer Definition des Seins ausgegangen wird - sondern ein experimentelles Rekurrenzgesetz, das im Bereich der Phänomene verifizierbar und entsprechend auf die Totalität von Raum und Zeit extrapolierbar ist." (ME 250f) Ebenso bedeutsam ist die Annahme der Emergenz, nach der die Dinge im Laufe ihrer Entwicklung immer höher steigen, indem ihnen immer mehr Qualitäten und Kategorien zukommen. Anlehnend an die englische Emergenzphilosophie der 20er Jahre, die behauptete, daß die Welt der Ansatz zum Auftauchen Gottes sei, sieht Teilhard in den Dingen etwas qualitativ Neues, etwas Aufsteigendes, nicht nur die Addition ihrer Elemente. Hinzu kommen noch die Konvergenz, die über die Anpassungsähnlichkeit von Strukturen Aussagen macht,[140] sowie die Orthogenese, die Teilhard als Aufsteigen zu einer Folge von immer komplexeren Formen interpretiert. (Vgl. 3.3.) So kann er seine Zukunftsschau wagen. Über die Grenzen der Wissenschaftlichkeit der Aussagen Teilhards ist an anderer Stelle viel Richtiges gesagt worden.[141] Für alle Vermutungen, die Teilhard bezüglich der Zukunft der Erde oder des Universums anstellt, gibt es keine empirische oder experimentelle Grundlage.[142] Teilhard extrapoliert empirische Befunde. So bezeichnet er die maximale Integration des Menschen in die Biologie als Maßstab für seine Theorie. (AM 280)

3.3 Die Finalität - "Ich glaube, das Universum ist eine Evolution." (MG 116)

Das Leitmotiv seines Hauptwerkes "Der Mensch im Kosmos"[143] beschreibt Teilhard folgendermaßen: "Nichts in der Welt könnte über die verschiedenen (wenn auch noch so bedeutsamen) Schwellen der Entwicklung hinweg eines Tages als Endzweck in Erscheinung treten, was nicht schon anfangs dunkel vorhanden gewesen wäre." (MK

47) Dieses Modalproblem von Möglichkeit und Wirklichkeit durchzieht das gesamte Werk Teilhards und bietet eine gute Ausgangsbasis für die naturteleologische Bestimmung der Finalität. In dem genannten Buch hat er seine Auffassung von der Natur, der Entstehung des Lebens und des Bewußtseins systematisch am deutlichsten zum Ausdruck gebracht. Teilhard unterteilt seine Untersuchung in die Vorstufe des Lebens (Materie), das Leben selbst, das Denken (Mensch) und das höhere Leben. Die letzten beiden Etappen werden unter Punkt 3.4. und 3.5. dieser Arbeit behandelt, da sie durch den Menschen gekennzeichnet sind, dem zentralen Phänomen der Evolution. Auch wenn der Mensch für Teilhard Naturwesen ist und daher ebenfalls der Naturfinalität unterliegt, so ist er durch seine Besonderheit, das Denken, aus ihr herausgelöst und kann selbst zielsetzend handeln. Deshalb soll der Nachweis der Naturteleologie am Beispiel der anorganischen und organischen Natur durchgeführt werden. Die Materie ist die Vorstufe des Lebens in dem Sinne, daß diese darauf angelegt ist, das Leben hervorzubringen.

Die Materie, bei Teilhard auch als Urstoff bezeichnet, ist durch Vielheit, Einheitlichkeit und Energie bestimmt. Die atomare Struktur, die durch den naturwissenschaftlichen Beobachtungsfortschritt immer weiter aufgelöst wird, stellt die Vielheit dar. Diese wird durch ein System repräsentiert, d.h., die Atome befinden sich in einer bestimmten Ordnung. Einheitlichkeit meint, daß die kleinsten Bausteine des Universums gleich sind. Außerdem beeinflußt jedes Atom energetisch den ganzen Kosmos. Daher wird das System zu einem Totum, einer Ordnung, die als einmaliges Ganzes existiert, einer homogenen Zusammenballung. Die Energie der Materie zeigt sich vor allem in der gegenseitigen Einwirkung der Teilchen. Jedes wirkt überall im selben Universum, weshalb Teilhard die Energie als Quantum in der Geschichte der Natur bezeichnet. "Das Totum und das Quantum des Universums suchen sich in eine Kosmogenese zu übersetzen und in dieser Form neu zu bestimmen." (MK 21) Und zwar durch die Freisetzung der Elementarteilchen im Urknall und der dann erfolgenden Bildung der Elemente. Schon hier kann man das Wirken des Gesetzes der Komplexifikation, der zunehmenden Verflechtung beobachten. Die Materie befindet sich im Zustand des einmaligen explosiven und irreversiblen Werdens. "Nichts im Universum geschieht kontinuierlich und in jedem beliebigen Augenblick." (MK 23) Aus der festzustellenden Erhaltung und Entwertung der Energie im Prozeß physikalisch-chemikalischer Umwandlungen könnte man annehmen, daß die Energie, die "schöpferische Schwungkraft", sich im Laufe der Evolution erschöpft.

Diese Art der Gesetzmäßigkeiten nennt Teilhard quantitative Gesetze, da sie mit den Methoden der mathematischen Naturwissenschaften zu erfassen sind. Seiner Auffassung nach gibt es jedoch eine "Innenseite der Dinge", welche die Wissenschaft bisher nicht betrachtet hat. Um diese hinreichend beschreiben zu können, ist es zunächst notwendig die spiritistische und materialistische Auffassung, die sich auf unterschiedlichen Ebenen bekämpfen, zu vereinigen, zu "einer Art von Phänomenologie oder verallgemeinerter Physik". (MK 28) Daß eine Innenseite der Dinge existiert, schlußfolgert Teilhard aus verschiedenen Beobachtungen, die er analogisch erweitert. Zunächst muß eine Tatsache, die beim Menschen selbstverständlich ist, eine Vorgeschichte haben. Es ist für Teilhard ausgeschlossen, daß die Denk-Fähigkeit plötzlich aufgetreten ist, da sich in der Biologie immer Vorformen beobachten lassen. "[...] in der Natur ist ein Abweichen von der Regel immer nur die von den Sinnen schließlich wahrgenommene Steigerung einer Eigenschaft, die im unfaßbaren Zustand überall vorhanden ist." (MK 31) Demzufolge muß der Ursprung des Lebens bzw. des Bewußtseins letztlich in der Materie gesucht werden. Diese Ansicht wird durch drei Beobachtungen gestützt. Zunächst ist der atomare Aufbau innen und außen derselbe. Die Elemente des Innern werden, ebenso wie die Elemente der Materie, mit zunehmender Dauer komplizierter und differenzierter. Unsere Wahrnehmung für diesen Vorgang ist verstellt, da am Beginn der Entwicklung viele kleine Teilchen mit schwachen "Bewußtseinszentren" vorhanden sind, die erst richtig wahrgenommen werden, wenn sie sich zusammenballen und damit aus der rein statistischen in die individuelle Beobachtung treten. Das ist die "[...] Auswirkung des großen Gesetzes von Komplexität und Bewußtsein, eines Gesetzes, das schon eine konvergierende psychische Struktur und Entwicklungskurve der ganzen Welt in sich einschließt." (MK 37) Die diese Struktur und Kurve bedingende Energie nennt

Teilhard "geistige Energie". Bereits hier formuliert er eine finalistische Erklärung des Phänomens der Evolution. Der Mensch als Ziel der Entwicklung kann die Evolution erklären, nicht die Materie den Menschen. (MK 38) Das allein reicht als Erklärung jedoch nicht aus. Deshalb versucht Teilhard, die Lösung für die Beziehung zwischen Innen und Außen der Dinge mit Hilfe einer Annahme zu finden: "Nehmen wir an, daß im wesentlichen jede Energie psychischer Natur ist." (MK 40) In den Elementarteilchen sind zwei Zustände dieser Energie vorhanden. Die tangentiale Energie, welche die Teilchen der gleichen Klasse untereinander verbindet und so größere und komplexere Strukturen schafft und die radiale Energie, die die Teilchen "[...] in der Richtung nach einem immer komplexeren und zentrierteren Zustand vorwärts zieht". (MK 40) Letztere Energie ist die innere Entsprechung der ersteren. Auf den konkreten Fall unserer Welt bezogen heißt das, daß die Welt, rein stofflich gesehen, nach dem "Urknall" kristallisiert und polymerisiert, in dem Sinne, daß der geologische Aufbau entstand und die Voraussetzung für die Entstehung des Lebens durch freie Molekülverbindungen geschaffen wurde. Gemäß dem vorher Erkannten heißt es: "Wenn das Organische nicht vom ersten Augenblick an, wo die Möglichkeit auf Erden bestand, zu existieren begonnen hätte, so hätte es auch später niemals angefangen." (MK 47) Eine bestimmte Masse elementaren Bewußtseins war in der Erde schon immer enthalten. Auch wenn diese zufällig entstanden sein sollte, ändert das nichts an deren Zielgerichtetheit. Da "[...] dieser glückliche Zufall, kaum zustande gekommen, sogleich ausgenutzt und in einen naturgelenkten Ablauf hineinverschmolzen [...]" wurde. (MK 50)

Wie entstand nun das Leben? Auch wenn wir "[...] vermutlich niemals den Vorgang kennen [...]" (MK 57)[144], beginnt das eigentliche Leben wahrscheinlich mit der Zelle. Wenn man diese absolut betrachtet, als Gebilde ohne Vorformen, enthüllt sich ihr Charakter und damit auch ihre Entstehung nicht. Man muß sie vielmehr "[...] als ein Ding betrachten und behandeln, das zugleich lange vorbereitet und doch im tiefsten ursprünglich ist, das heißt: als etwas, das geboren wurde." (MK 59) Die Geburt ist ein Ausdruck naturteleologischer Vorgänge, da gewissen Vorstufen von Organen in der pränatalen Phase keine Bedeutung zukommt, nach der Geburt hingegen schon. Folgerichtig personifiziert Teilhard die Zelle, da Makromoleküle im Mikroorganischen gleichsam als Vereingung und Resultat des Vorhergehenden erscheinen. Die Zelle und der Mensch sind die großen Resultate der Evolution (MK 60): "Ohne lange Reifezeit kann sich keine tiefgehende Veränderung in der Natur vollziehen. Ist hingegen ein solcher Zeitraum gegeben, dann wird unausbleiblich ganz Neues hervorgebracht." (MK 64) Die Zentrierung und damit die Innerlichkeit nimmt zu. Genauer kann Teilhard den hier vollzogenen Sprung nicht beschreiben. Es genügt aber, "[...] um auf nützliche und zusammenhängende Weise den Punkt des Erwachens der Zelle in der Folge der psychischen Umwandlungen festzuhalten, die das Erscheinen des Phänomens Mensch auf der Erde vorbereiten." (MK 67) Ein solcher Bewußtseinssprung, vom Prävitalen zum Organischen, mußte sich ereignen. Versteht man das Wirken der organischen Welt, so versteht man auch die Zukunft derselben. (MK 71) Das erste Erscheinen des Lebens ist nicht zufällig, auch wenn es so scheint. Zum einen ordnen sich die Zellen nach bestimmten Gesetzmäßigkeiten, zum anderen sind alle Moleküle, die das Leben bilden, gleich strukturiert und aufgebaut. "Läßt eine solche Ähnlichkeit der Substanz des Lebens, in Einrichtungen, die nicht notwendig erscheinen, nicht eine ursprüngliche Wahl oder Scheidung vermuten?" (MK 75) Damit sind die "Seinsmöglichkeiten" des Lebens nicht erschöpft. Doch liegt hier der Anfang einer zielorientierten Entwicklung, die nur einmal begonnen werden konnte. "Die Vorliebe für die Rhythmik des Geschehens ist eine Parallelerscheinung zu der Bevorzugung des Aktuellen im Ursachenzusammenhang." (MK 81) D.h., wenn man eine rhythmische Entwicklung annimmt, bei der hoch und tief aufeinanderfolgen, und damit die Evolution relativiert, mißachtet man, daß es nur einen "Lebensbaum" gibt. Die gegenwärtig "wirkenden Ursachen" werden überschätzt und die Vergangenheit und Zukunft des Lebens nicht ausreichend gewürdigt. Letztlich wird dadurch übersehen, daß die Erde "vermutlich nach einem Endzustand" (MK 81) strebt, der eine Neuentstehung von Leben weder nötig noch möglich macht. Deshalb wird es uns unmöglich sein, die Entstehung des Lebens experimentell nachzuvollziehen.

Welche Verfahren hat das Leben ersonnen, um seinen Endzustand zu erreichen? Das sind zunächst die bekannten: Reproduktion, Erneuerung auf eine Reproduktion hin, Konjugation, d.h., die Vervollkommnung der Reproduktion durch die Aufteilung in männlich und weiblich (statt Knospung o.ä.), sowie die Assoziation, worunter Teilhard die Vereinigung zu immer komplexeren Organismen versteht. Diese Fortbewegungsarten allein würden das Leben immer auf derselben Ebene belassen. Es könnte sich nicht zum Geist erheben, dem Zustand, in dem "[...] das Streben der Materie nach Organisation im Bewußt-Sozialen vermutlich seinen Gipfel erreicht." (MK 88) Hier kommt nach Teilhard die "planmäßige Additivität bzw. Komplikation" hinzu. Durch diese Eigenschaft wird die Ausbreitung des Lebens von der Breite in die Höhe erweitert. Die Summe der Verfahren wächst damit in "einer ganz bestimmten Richtung". (MK 89) Dieses Gesetz nennt die Biologie Orthogenese, so auch Teilhard: "Ohne Orthogenese gäbe es nur Ausbreitung; mit Orthogenese gibt es unwiderstehlich einen Aufstieg des Lebens." (MK 90) Dadurch verhält sich das Leben wie folgt: "Tastende Verschwendung; konstruktiver Erfindergeist; Gleichgültigkeit gegenüber allem, was nicht Zukunft hat und nicht Gesamtheit ist." (MK 93) Das Tasten, dem man auch bei Aristoteles begegnet, entspricht einem Plan, der die Zufälle sinnvoll integriert. Das Leben bildet als Biosphäre eine Einheit, die Teilhard als einen "riesigen Organismus" bezeichnet und personifiziert.

Teilhards Definition der "Verhaltensweisen des Lebens" richtet sich zum einen gegen den platten Darwinismus, der in dem durchaus vorhandenen "survival of the fittest" das Endziel bzw. den Sinn der ganzen Entwicklung erblickt. Zum anderen gegen einen materialistischen Determinismus, der in der Reihung von Zuständen die kausale Erklärung der Welt erblickt. Vielmehr hat die Welt "die Freiheit zur Grundlage". (MK 92) Der Erfindergeist des Tastens ist, oberflächlich betrachtet, ein Anthropomorphismus, der im Hinblick auf die Finalität allerdings konsequent ist. Auch der menschliche Erfindergeist muß in rudimentären Vorformen schon immer vorhanden gewesen sein. So offenbart sich die Ausbreitung des Lebens in den "Verzweigungen der lebenden Masse". Das fortschreitende Leben bildet nach Erreichen des Reifestadiums aufgrund von Wachstumsaggregationen und Entfaltungen

Abschnitte und Zweige und ermöglicht eine "Ausbreitung einfachen Typs", die Individualisierung der Phylen. Diese vereinigen in sich eine "hohe Zahl von Möglichkeiten", um entwicklungs- und überlebensfähig zu sein. Jedes Phylum ist darauf angelegt, eine Zeit der Reife zu erreichen. Dieser Prozeß erfolgt analog zur Geschichte der menschlichen Erfindungen. Im Reifestadium erreicht die neue Gruppe "das Höchstmaß ihres Wuchses und ihrer Stabilität". (MK 99) Nach Erreichen der endgültigen Form des Phylums streben seine Teile nach Vereinigung. Es kann dann zur Ausbildung neuer Zweige oder zum Absterben kommen. Wenn sich diese Verzweigungen paläontologisch kaum nachweisen lassen, so spricht das nicht gegen ihr Vorhandensein: "Nichts ist von Natur aus so zart und flüchtig wie ein Beginn." (MK 103)

Die Untersuchung des "Lebensbaumes" soll die deduktiv gefundenen Gesetze empirisch belegen. Teilhard betrachtet die Säugetiere, welche noch vorhanden und doch schon ausgereift sind, die nächst größere Schicht der Vierbeiner und schließlich den Stamm der Wirbeltiere. Auf die von ihm genannten Einzelheiten muß man nicht eingehen, da uns hier vor allem die Schlußfolgerungen und ihre Bedeutung für die Naturteleologie interessieren. Teilhard fällt auf, daß alle Amphibien, Reptilien und Säugetiere vier Beine haben. Läßt sich das mit der optimalen Fortbewegungsweise erklären, welche dadurch ermöglicht wird? "Aber wie will man einzig aus diesem mechanischen Grund die völlig gleiche Struktur dieser vier Gliedmaßen rechtfertigen?" (MK 113) Das alles sind Abwandlungen einer einmaligen, eigentümlichen Lösung. Was Teilhard abschließend zeigen will, ist "die objektive Wirklichkeit einer Evolution" als "Wiege des Menschen" im Wortsinne. (MK 122) Die Frage ist: "[...] wie kann man die äußere 'finalistische' Entwicklung der *Phänotypen* mit der inneren mechanistischen Entwicklung der *Genotypen* in Einklang bringen?" (MK 124)

Verläuft die Evolution planmäßig? "Ich möchte hier Verständnis dafür wecken, warum ich - ohne jeden Anthropozentrismus und Anthropomorphismus - zu sehen glaube, daß es für das Leben eine Richtung und eine Linie des Fortschritts gibt." (MK 127) Um das zu verifizieren, muß man ein Ordnungsprinzip suchen, welches das Anwachsen des Bewußtseins zur Grundlage hat. Die Annahme ist, daß die vom

Leben versuchten Kombinationen organisch vielleicht mit einer Emporhebung des Psychischen verbunden sind. Das läßt sich nur am Nervensystem zeigen. Die Ordnung ergibt sich so von selbst: die Formen gelangen zu immer mehr Hirn. Die Hirnbildung stellt den Maßstab dar: "*Sie gibt eine Richtung - und beweist dadurch, daß die Evolution eine Richtung hat.*" (MK 131) Der Aufstieg des Bewußtseins erfolgt durch "*sprunghaftes Wachsen, das rastlos in dieselbe Richtung drängt.*" Das Leben ist das zentrale Phänomen unseres Planeten. Wodurch aber drängt es vorwärts? Durch den Kampf ums Dasein "würde sich die belebte Welt nur erheben [...] durch die automatisch geregelte Summe ihrer Versuche, zu bleiben, was sie ist." (MK 134) Die Entwicklung wird vielmehr durch "immanente Spontaneität" getragen. Das Leben ist ein gesteuerter Prozeß, der die Richtung nur beibehalten kann, wenn er sich neu anpaßt. Und schon hier zeigt sich ein neues zentrales Phänomen, das im Menschen endet: das Denken. Wo zeigt es sich zuerst? In den Säugetieren, die am weitesten in den Bereich der Spontaneität hineinragen und nicht in dem Maße von materiellen Umwandlungen abhängig sind, wie z.B. Insekten. Innerhalb der Gruppe der Säugetiere sind es natürlich die Primaten. Bei diesen "[...] hat die Evolution direkt am Hirn gearbeitet, hat alles übrige vernachlässigt und daher bildsam gelassen." (MK 145) Sie haben eine besondere Hirnausbildung und einen schwachen Grad der Differenzierung, der sie frei für eine herausragende Entwicklung macht. Es findet eine "Aristogenese" statt: "*In diesem bevorzugten und einzigartigen Fall deckt sich die besondere Orthogenese des Phylums genau mit der Haupt-Orthogenese des Lebens selbst.*" (MK 146)

Neue Informationen, z.B. Mutationen, müssen in den Organismus konstruktiv eingeordnet werden, um sie für die Biogenese nutzbar zu machen. Aus scheinbaren Zufällen wird eine planmäßige Kombination: "Das Leben ist nicht nur imstande, im Innern der organischen Körper die blinde Bewegung der Moleküle schmiegsam zu regeln, es gelingt ihm auch anscheinend, für seine schöpferischen Kombinationen die weitreichenden Reaktionen nutzbar zu machen, die in der Welt zufällig zwischen materiellen Vorgängen und belebten Massen entstehen. Mit Kollektivitäten und Begebenheiten scheint es ebenso geschickt zu spielen wie mit den Atomen."(MK

134) Die Entstehung des Bewußtseins und damit des zielgesteuerten Denkens ist danach zwangsläufig. Das organische Naturstreben, die Biogenese, unterliegt dem Drang zu größerer Komplexität und höherem Bewußtsein: "Unter den zahllosen Möglichkeiten, in die sich das komplexer werdende Leben zerteilt, hebt sich die Differenzierung der Nervensubstanz als eine bezeichnende Umwandlung ab - wie die Theorie es voraussehen ließ."(MK 131) Das reflexive Bewußtsein des Menschen ist einmalig. Dieses hat ebenfalls eine Evolution hinter sich. Für Teilhard folgt daraus die Existenz der Finalität vor dem Auftreten des Menschen in der Natur, die allerdings schwer wahrnehmbar ist: "Damit wird gesagt, daß die biologische Finalität (genauso wie so viele andere physische Parameter des Universums) nicht überall wahrnehmbar ist, sondern erst von bestimmten Ebenen an in der Welt spürbar wird, [...] bei Erreichung eines bestimmten Wertes auf 'der Achse der Komplexitäten' [...] treten die Kräfte innerer Entscheidung und Gerichtetheit zutage, und von diesem Augenblick an streben sie danach, dominant zu werden." (ZM 262f)

Bei Teilhards "teleologisch-finalistischer Evolutionsauffassung" ist die finalistische Konsequenz Grundvoraussetzung der Interpretation von Evolution.[145] Das Leben ist durch seine besondere Prozeßhaftigkeit, die das gesamte Seiende umfaßt, definiert. Es schreitet fort, es entwickelt sich gezielt. Teilhard beschreibt diese Bewegung als Einrollung, ein klassischer Fortschrittsbegriff, der zwar auf einer aufstrebenden Tendenz, nicht aber auf einem Auseinandergehen basiert. Die "Einrollung" des Universums wird hierarchisch unterteilt in: "Kosmogenese - Biogenese - Noogeneses - Christogenese". (ZM 405) Das Nachfolgende ist das zentrale Phänomen im Vorhergehenden, z.B. das Leben im Kosmos. Dadurch hat der Begriff der Einrollung einen speziellen Sinn, der die Zunahme von Organisation, Konzentration und damit Reflexion verdeutlichen soll. Ein Zusammenwachsen in Form eines sich einrollenden Kegels, bei dem der obere Teil die zu erstrebende Spitze, zunehmende Reflexion bzw. Vergeistigung, ausmacht. Deshalb fordert Teilhard im doppelten Sinne "eine Phänomenologie der Einrollung, die in dem Begriff der Super-Reflexion einmündet", als realen Prozeß und als Anschauungsweise dieses Phänomens. (MW 74) Das Wissen um den Prozeß ermöglicht eine bewußte Steuerung, die auf den Geist hin bezogen ist. "Und ich möchte im Gegenteil, daß man sich [...] endlich über die grundlegende Tatsache klar wird, um die letzten Konsequenzen daraus zu ziehen, daß nämlich die 'Noogenese' (auf die die Anthropogenese sich grundsätzlich zurückführen läßt) *ein konvergentes Phänomen* ist, daß heißt ein Phänomen, das seiner Natur nach auf ein Ende und eine Erfüllung *inneren Ursprungs* hin ausgerichtet ist." (MW 40, vgl. auch ME 335-371)

3.4. Noogenese und Noosphäre - "Ich glaube, die Evolution geht in Richtung des Geistes." (MG 116)

Wenn man einen Begriff mit Teilhard in Verbindung bringt, so ist es der der Noosphäre, den er geprägt hat. Es handelt sich um eine Umschreibung der Schicht, die der Entwicklung der Menschheit von Beginn an als Ziel vorgegeben ist. Dies ist der Gang des Geistes, der mit dem Menschen beginnt. In der letzten Etappe dieser Noogenese vollzieht sich die Errichtung der Noosphäre. Die finalistische Evolution setzt sich im Menschen konsequent fort. "Ziel ist die Einheit als Ermöglichung von Geist und Freiheit und als deren Gegenstand."[146] Als Naturwissenschaftler und Theologe nimmt Teilhard eine natürliche Hierarchie des Seienden an, ausgehend von dem "[...] Postulat, das mit der uns teuersten griechischen und mediterranen Tradition in Einklang steht, daß nämlich das Bewußte den Vorrang hat vor dem Unbewußten und das Reflektierte vor dem Instinktiven[...]."(MW 9) Der Mensch ist eine neue und höhere Kategorie des Fortschritts. Für ihn gelten weiterhin die Gesetze des Lebens, d.h. auch der Mensch schreitet fort in der "Hominisation" und errichtet dadurch die "Noosphäre". Diese ist nicht losgelöst von der Biosphäre zu denken, da das Höhere immer alles Niedrigere umfaßt. Teilhard geht es nicht nur um den Menschen, sondern um die gesamte Schöpfung. Dem Menschen kommt nur eine entscheidende Position zu. Teilhard versucht dadurch, dem Menschen die Vorrangstellung zurückzubringen, die er seit Kopernikus, Darwin und Freud verloren hat.[147] Nur mit dem Menschen läßt sich der Gedanke der Kondeszendenz (Vgl. 3.6.) verwirklichen, da nur der Mensch

Gott erkennen kann: "Wenn sich das Universum fortschreitend zur Einheit erhebt, so also nicht nur unter der Einwirkung irgendeiner äußeren Kraft, sondern weil das Transzendente in ihm teilweise immanent geworden ist."(LE 32)

Wie erfolgt die "Bildung der Noosphäre"? Ein gleichnamiger Aufsatz Teilhards aus dem Jahre 1947 gibt darüber wohl am besten Aufschluß. (ZM 207-241) Die Veröffentlichung in der "Revue des Questions Scientifiques" im Januar 1947 war mit einer längeren Anmerkung versehen, in der Teilhard der Befürchtung, daß er die theologische Bestimmung des Menschen durch die biologische ersetzen wolle, entgegentritt.[148] Das Problem ist, ob die Stellung des Menschen im Kosmos naturwissenschaftlich oder metaphysisch erklärbar sei. Ausgangspunkt seiner Überlegungen ist die hervorragende Stellung des Menschen in der Biosphäre. Die Menschheit, ursprünglich nur eine Familie der Hominiden, hat sich weiter und intensiver über die Erde verbreitet, als es jemals den größten Wirbeltierfamilien gelungen ist. In absehbarer Zeit wird der Mensch alle anderen Arten beherrschen.[149] Die biologische Erklärung dieses Phänomens für sich genommen, läßt es paradox erscheinen. Um das zu vermeiden, stellt Teilhard zwei Beobachtungen in den Vordergrund. Zum einen macht Teilhard, wie schon oben erwähnt, besondere Kräfte, vom psychischen Phänomen der Hominisation ausgelöst, innerhalb der Evolution aus. Zum anderen sieht er eine neue Schicht über der Biosphäre im Entstehen begriffen, die Schicht vitalisierter Substanz: "[...] die Hülle aus denkender Substanz, der ich aus Gründen der Einfachheit und Symmetrie den Namen Noosphäre gegeben habe." (ZM 209) Dieser Neologismus ist vom griechischen *nous*, Geist bzw. Intellekt, abgeleitet und meint die "irdische Sphäre der denkenden Substanz", in Anlehnung an die Bezeichnung der organischen Schicht als Biosphäre.

Die lebenden Formen haben sich bisher "phyletisch", d.h. gerichtet und gelenkt in bestimmten Bahnen, und "zerstreuend", d.h., es traten nach starken Modifikationen Gabelungen auf, die schließlich den Lebensbaum bilden, entwickelt. Beim Menschen ist dies nicht so, vielmehr wird seine Entwicklung durch das psychische Phänomen der Reflexion verbessert. Das Bewußtsein ermöglicht es dem Menschen, sich selbst zu verstehen. Daraus folgt die Fähigkeit des Menschen, sich mit seinesgleichen auszutauschen und zu verbinden, "[...] mit dem Ergebnis, daß das ganze System der zoologischen Strahlen, das normalerweise an der Knospe einen Quirl divergierender Blätter ergeben hätte, nunmehr dahin strebt, sich in sich selbst einzukrümmen." (ZM 211f) Damit ist ein zentraler Prozeß vorhanden, den Teilhard u.a. "Einrollung" nennt: "[...] psychische Zentrierung, phyletische Einrollung, planetare Einhüllung: drei genetisch untereinander verbundene Ereignisse, die alle drei zusammen die Noosphäre hervorbringen." (ZM 212) Das ist der Prozeß vom Menschen zur planetarischen Menschheit. So erklären sich Beobachtungen von Soziologen und Historikern, die das weltweite Auftreten verschiedener Kulturphänomene bemerkt haben. Teilhard nennt diesen Zustand die kollektive Menschheit bzw. Kollektivorganismus oder Super-Organismus der Menschheit.

Die Menschheit ist demnach ein riesiger Leib, und die verschiedenen internationalen und sozialen Organisationen sind seine Organe. Durch den Fortbestand dieser Organe entstehen kulturelle Traditionen. Die Vererbung dieser kulturellen Fähigkeiten verläuft beim Menschen nicht über die Geschlechtszellen. Der einzelne isolierte Säugling hat demnach keine an unsere Kultur erinnernden Fähigkeiten. Die Vererbung erfolgt über Erziehung und Vorbild. Aus der automatischen biologischen Funktion ist eine kulturelle Funktion geworden. Diese ist für Teilhard durch das Kollektivgedächtnis gewährleistet, so daß die Vererbung ebenfalls eine nahezu automatische ist. Er steht damit in der Tradition von Platon und Hegel, die der kulturellen Erziehung eine grundlegende Bedeutung beimaßen, sich jedoch nicht sicher waren, ob diese für alle Zeiten gewährleistet sei. Neben der Erziehung kommt, als neue Eigenschaft gegenüber der Natur, die geringe Differenzierung des Menschen hinzu, die es ihm ermöglicht hat, Werkzeuge herzustellen, ohne seine Gliedmaßen darauf fixieren zu müssen. Damit ist verbunden, daß eine Erfindung bald von allen genutzt werden konnte. "Was ursprünglich nur eine individuelle Vervollkommnung war, verwandelte sich unmittelbar und automatisch in eine umfassende und fast autonome Vervollkommnung der ganzen hominisierten Masse." (ZM 219) Diese Masse interpretiert Teilhard als Noosphäre, die sich aus vielen individuellen Gehirnen zusammensetzt, analog zum menschlichen Gehirn, welches sich aus vielen Nervenzellen aufbaut. Ein wertmäßiger Unterschied besteht allerdings zwischen einer Nervenfaser, einzeln nutzlos, und einem menschlichen Gehirn, das einzeln denken kann. Das Fortschreiten der Technisierung der Welt entlastet das Gehirn, insbesondere denkt Teilhard an die Nachrichtentechnik und die Großrechner (Computer), die nicht nur die Gehirne entlasten sondern auch ihre zunehmende Vereinigung fördern.[150] Es findet eine Synthese statt, welche zwar noch nichts grundlegend Neues hervorbringen kann, die aber ausreicht, um "[...] eine Sphäre gegenseitig sich stützender Bewußtheiten als Sitz, Träger und Organ des Super-Sehens und der Super-Ideen aufzubauen." (ZM 224)

Das wirkliche Vorhandensein dieser drei Aspekte der Bildung der Noosphäre kann man nur unter Berücksichtigung der "großen langsamen Bewegungen", wie bei der Evolution und der Entstehung der Erde, wahrnehmen. Unter dem zunehmenden Druck der technischen und gesellschaftlichen Kräfte umspannt die Welt ein Netz wirtschaftlicher und psychischer Bindungen. Am weltweiten Phänomen der Arbeitslosigkeit will Teilhard die skeptische Frage nach dem Ziel dieser Ansammlung von weltumspannender Energie beantworten. Unter der Voraussetzung, daß alle Fortschritte immer eine "Freisetzung von Psychischem mit Hilfe des Mechanischen" bedeuten, dient die Arbeitslosigkeit dazu, eine größere Zahl von Gehirnen von mechanischer Arbeit zu befreien, zur Freisetzung von geistiger Energie. Diese noch rohen Kräften können durch das Phänomen der Forschung kanalisiert werden, und zwar dadurch, daß die Forschung ein Massenphänomen wird, angefangen bei Forschungsinstituten. "Dieser durch die Zusammenbiegung der Noosphäre frei gewordene, gewaltige Energieüberschuß ist von Natur aus, evolutiv, dazu bestimmt, in den Aufbau und das Funktionieren ihres 'Gehirns', wie ich es genannt habe, einzugehen." (ZM 229) Das "kollektive Bemühen um Erkenntnis" mündet in der "unermeßlichen Denkmaschine" Noosphäre. Die zur Reflexion führende "Verinnerlichung der Welt" erscheint "[...] als ein dem ganzen Wirklichen koextensiver, definitiver Prozeß." (Ebd.) Letztlich entsteht so ein vom Ziel her klar determinierter biologischer Prozeß, der automatisch immer mehr an Breite gewinnt, d.h., immer mehr Menschen werden zu Zukunftsforschern.[151]

Darauf aufbauend schließt Teilhard auf die Zukunft und wagt einige Voraussagen durch Extrapolation des Festgestellten. Die Welt strebt auf einen bislang ungeahnten Einheitszustand zu, der die ganze Erde als Totalität umfassen wird. Weiterhin sieht Teilhard "ein Neuaufbrechen der Evolution aus sich selbst" voraus. (ZM 232) Er beschreibt die Phasen der Evolution in Analogie zu den Triebstufen einer Rakete, die in das Weltall fliegt. Die Menschheit ist etwas, das überwunden werden muß[152]: "Wirklich, das Leben setzt zu einem zweiten Abenteuer an, im Ausgang von der Plattform, die es sich geschaffen hat, da es die Menschheit baute!" (ZM 233) Sympathie und Liebe innerhalb der Menschheit machen, evolutiv gesehen, das grundsätzlich Neue aus. Erst wenn das Herz ergriffen ist, kann die Transformation gelingen. Allerdings: "[...] dieses Einmütigwerden kann, da es konvergenter Natur ist, nicht unendlich weitergehen, ohne ein natürliches Ziel seiner Entwicklungen zu erreichen." (ZM 235) Die Menschheit wird dann ihr Gleichgewicht, den Endzustand, finden, wenn sie auf sich selbst psychisch zentriert ist, d.h., wenn sie einen Brennpunkt bildet, ein vollendetes Eins ist. Hier stoßen die analogischen Gesetze der Biologie an die Grenze ihrer Gültigkeit, und der Wärmetod scheint unausweichlich, wenn nicht der Überlebenswille wäre, der durch eine andere Annahme gestützt wird: "[...] denn werden diese Ansichten einmal anerkannt, bietet sich ein großartiges Ziel, eine genaue Marschrichtung unserem Tun an. Kohärenz und Fruchtbarkeit, die beiden Kriterien der Wahrheit." (ZM 239) Der pragmatische Aspekt der Naturteleologie für den Optimismus ist hier deutlich zu spüren.

Der menschliche Neu-Aufbruch der Evolution und seine Folgen werden in einer Fortsetzung des Aufsatzes behandelt, der ein Jahr später an gleicher Stelle erschien. (ZM 257-278) Über dem organisch aufgebauten menschlichen Sozialphänomen entsteht, wie beschrieben, das "Netz" einer Noosphäre. Damit tritt auch die Evolution in eine völlig neue Phase, in eine "explosive Phase" (ZM 259), da dem Menschen die Richtung der Evolution bewußt wird und er die Möglichkeit hat, in den Verlauf einzugreifen, durch die Kräfte des Kollektivs und der Wissenschaft. Die gegenläufigen Tendenzen, die Teilhards Meinung nach u.a. zum Zweiten Weltkrieg geführt haben, sind für ihn von untergeordneter Bedeutung, da sie dem

Einheitsstreben nicht wirklich etwas entgegensetzen können. Die Hominisation wird "*an einem Punkt kollektiver Reflexion*" anlangen, "[...] an dem die Menschheit, da sie in sich und um sich das Höchstmaß möglicher Kohärenz [...] verwirklicht hat, sich auf einen höheren kritischen Punkt [...] versetzt sieht, der, so scheint es, für uns mit den phänomenalen Grenzen der Welt zusammenfällt." (ZM 260) Das heißt nichts anderes, als daß das Ende der Welt in jeder Hinsicht erreichbar scheint und wünschenswert ist.

Unter der Überschrift "Die Emergenz der Finalität" beschreibt Teilhard den Prozeß der zunehmenden Komplexifikation in Hinblick auf die Noosphäre. (Vgl. 3.2.) Daß der Mensch durch innere Finalität, also Handlungsteleologie wirkt, ist Teilhard evident. Doch wie verhält es sich damit in der Natur? Teilhard plädiert für die Annahme, daß der Mensch die Verlängerung des "Phänomens der 'Vitalisation der Materie'" (ZM 262) ist. Die Lösung sieht eine Vereinigung der Ansichten Darwins (Auslese und Selektion des Zufalls) und Lamarcks (gezielte Anpassung) vor.[153] Teilhard stellt fest, "[...] daß die biologische Finalität [...] nicht überall wahrnehmbar ist, sondern erst von bestimmten Ebenen an in der Welt spürbar wird, - die Emergenz tritt in diesem Falle nicht bei einer bestimmten Position zwischen dem Unermeßlichen und dem Unmeßbaren ein, sondern [wie es insbesondere beim Leben selbst der Fall ist] bei Erreichung eines bestimmten Wertes auf 'der Achse der Komplexitäten'." (ZM 262f) Es scheint auf den Ebenen unterhalb des Menschen nur so, als ob das Leben automatisch aufsteigt. Vielmehr liegt auch dort eine innere Gerichtetheit zu Grunde. Die Kraft der Finalität und Erfindung ist wirklich: "Das unter dem äußeren Schein und dem Zeichen des Zufalls geborene Leben kann nur kraft der langsam *eroberten* reflektierten Finalität hoffen, sich in Zukunft durch Auto-Evolution in der zusammengehörigen doppelten Richtung höherer Komplexität und größeren Bewußtseins weiter zu erheben." (ZM 263)

Die Kräfte des Ursprungs und damit der Finalität müssen durch den Menschen im Sinne der Auto-Evolution erhalten und kontrolliert werden. Zum einen wird die überlieferte Ethik, die noch biologische Züge trägt, zur bewußten Voraussetzung des Fortgangs der Evolution, indem das genuin Menschliche darin stärker zum Ausdruck kommt. Zum anderen muß der "Lebensschwung" beim Menschen erhalten und gesteigert werden. So wird es "[...] unvermeidlich immer unmöglicher, uns *zu einem wie immer gearteten schöpferischen Bemühen hinreißen zu lassen, wenn es uns nicht gelingt, es intellektuell vor uns zu rechtfertigen.*" (ZM 269) Es erfordert ein großes Maß an Anstrengung, die Evolution menschlich voranzutreiben. Der Einblick in die Tatsache der Irreversibilität des Aufstiegs der Evolution und die Tatsache, daß dieser im Personalen kulminiert, d.h., daß der Prozeß der Vitalisation in einer "Ultra-Personalisation" mündet, sind die Voraussetzungen für die Liebe zur Evolution. Denn der "Grad an Personalität [...] eines kosmischen Elements" ist der einzige Parameter, "mittels dessen wir seinen absoluten biologischen Wert beurteilen können [...]." (ZM 271)

An dieser Stelle führt Teilhard den Begriff Noodynamik (ZM 273) ein, der das aktive Verhältnis von Geist und Entwicklung zum Ausdruck bringt, da "[...] die Komplexifikation der Materie [...] physisch unfähig [ist,] weiterzugehen, es sei denn, der Geist greift ein [...]." (ZM 274) Teilhard nimmt die Ursprünge seiner synthetisierenden Weltsicht auf und bezieht die Einheit von Materie und Geist auf die ganze Evolution: "In einer hominisierten Evolution erweisen sich Physisches und Psychisches, Außen und Innen, Materie und Bewußtsein als in einem greifbaren Prozeß funktionell aneinander gebunden." (ZM 274) Zwei "höllische Kreise" werden mit dieser Vereinheitlichung durchbrochen. Zunächst der des Phänomenalismus, den Teilhard bisher als eine Grundlage seiner Weltsicht bezeichnet hat. Er stellt sich damit gegen den erkenntnistheoretischen Relativismus und Agnostizismus sowie gegen die Stillstandsthese in der Philosophie. Die Welt der Betrachtung wird in der Gewißheit, daß es in der unseren Blicken verborgenen Ebene etwas Höheres, uns noch Verborgenes existiert, verlassen. Weiterhin zerbricht der "höllische Kreis" der Egozentrik. Damit meint Teilhard die Unfähigkeit, sich einen anderen Standpunkt zu eigen zu machen bzw. sich diesem objektiv zu stellen. Eine Grundforderung intellektueller Redlichkeit soll erfüllt werden. Hier ist das personale Universum gemeint, welches wir durch diesen Schritt aus dem "Kreis" der Egozentrik heraus lieben können. Durch die Überwindung dieser beiden "Kreise" wird der weltanschauliche Naturalismus, der bei Teilhard oft durchscheint, aufgehoben. "Im Menschen verinnerlicht, finalisiert sich die Evolution; und gleichzeitig versittlicht und 'mystiziert' sie sich in dem Maße, wie das erfinderische menschliche Bemühen verlangt, in seiner Ausübung kontrolliert und in seinem Schwung genährt zu werden." (ZM 278) Die Spitze der Noogenese bildet für Teilhard die Christenheit, die durch Christogenese das eigentliche Ziel vorbereitet. "Für den Christen, in dessen Augen die ganze Hominisation nur die endgültige Parusie vorbereitet, umkleidet in erster Linie Christus sich mit der ganzen Wirklichkeit des Universums."(ZM 292)

3.5. Der Punkt Omega - "Ich glaube, der Geist vollendet sich im Personalen. / Ich glaube, das höchste Personale ist der Christus-Universalis."(MG 116)

In allen bislang vorgestellten und besprochenen Teilen von Teilhards Weltanschauung war er bemüht, sich auf naturwissenschaftlicher Grundlage, auf der Ebene der Phänomene zu bewegen. Nachdem die Noosphäre in ihren Anfängen auf eben solche Weise beschrieben werden konnte, wird es bei allem, was darüber hinaus geht, schwer. Das gibt Teilhard selbst zu und bittet den Leser dies zu beachten. Fast jeder Text, der die Phänomene im Auge hatte, endet mit solchen Hinweisen. Was folgt, ist "der unausweichliche Einbruch in die Biologie und, für die Wissenschaft, der Ort des Gottesproblems [...]." (ZM 238)[154] Es ist das Christentum, welches die Evolution, durch die Personalisierung in Christus, liebenswert macht. Teilhard glaubt, "[...] daß letzten Endes der Glaube zum Siegen bestimmt ist, der sich als fähig erweist, den Menschen mehr als jeder andere zu aktivieren." (ZM 273) So fragt er nach den "möglichen Grundlagen eines gemeinsamen menschlichen Credos", das die Spaltung der Menschheit in Gottgläubige (vor allem Christen), Weltgläubige (Materialismus als Religion) und die Masse der Nichtsgläubigen (die Teilhard nicht als Nihilisten sondern als Skeptiker bezeichnet) überwinden kann. (ZM 105) Diese Spaltung ist das Wesen der Krise, schreibt Teilhard 1941. Beide Glaubensrichtungen müssen transformiert werden, um gemeinsam in der Idee der Noogenese zu wachsen. Die

Noogenese ist der Fortschritt vom Bewußtsein zum Super-Bewußtsein, gegen das Prinzip der Entropie. Daraus ergeben sich "weltgläubige" Konsequenzen für die "gottgläubige" Christenheit: "Er wirkt auf uns durch die Evolution hindurch [...]. Gott erwartet uns am Ziel der Evolution." (ZM 109)

Die religiöse Situation im November 1945 beschreibt Teilhard daher, entgegen allen anderslautenden Stimmungen und Analysen, als hoffnungsvoll. Nicht atheistisch oder nihilistisch sei die moderne Welt sondern vielmehr neu inspiriert. Den Grund dafür sieht Teilhard in zwei "Tatsachen". Erstens ist die Menschheit seit 100 Jahren, seit der Entdeckung ihrer Geschichte, dabei, sich ihrer selbst bewußt zu werden, und zweitens ist der "Zustrom eines neuen Saftes" zu verzeichnen: "[...] der Glaube und die Hoffnung an ein Heil, das an die evolutive Vollendung der Erde gebunden ist." (MG 209) Damit stehen sich zwei scheinbar antagonistische Glaubensrichtungen gegenüber: der alte Glaube an Gott und der neue an die Welt. Diese Situation bringt Probleme für das Christentum mit sich: es ist ihr nicht gewachsen - jedenfalls nicht in seiner jetztigen Form. Teilhard will es bewahren und verteidigen, da einzig im Christentum "[...] der Glaube an ein personales und das Universum personalisierendes Zentrum lebt." (Ebd.) Die Lösung sieht Teilhard in einer Synthese beider Teile. Er will zu dieser Vereinigung das Christentum der Assimilation neuer Elemente öffnen. Das Christentum soll nicht materialisiert oder durch die "Kräfte der Evolution", das moderne wissenschaftliche Denken, nach unten gezogen werden, sondern es soll seine Achsen öffnen, um die "Stoßwelle" von unten aufzunehmen und nach oben zu leiten.

Diese neue Theologie soll "die Existenz- und Einfluß-Beziehungen [...] analysieren und [...] präzisieren, die Christus und das Universum miteinander verbinden" (MG 211), d.h. die angesprochene Synthese in radikaler Weise vordenken. Um die Vereinigung zu vollziehen, müssen sich die christlichen Philosophen eine neue (christliche) Metaphysik schaffen. Der Eigenwert des teilhabenden Seins, der Welt und des Menschen muß darin problematisiert werden. Es gilt folgendes zusammenzudenken: "Gott genügt sich durchaus selbst; und doch bringt ihm das Universum etwas vital Notwendiges."(MG 212) Daher fordert

Teilhard eine Metaphysik der Vereinigung, statt den Akt der Schöpfung zu verabsolutieren. Gott muß sich vereinigen und dazu braucht er das Sein, welches dadurch zu einem teilhabenden Sein wird. Deshalb definiert Teilhard die Allmacht Gottes neu: Gott kann nur evolutiv schaffen und zwar ein Universum, das sich in einer Synthese Gottes und des Vielen zum Ende vereinigt. "Gott vollendet sich, Er vervollständigt sich in gewisser Weise im Pleroma."(MG 214)[155]

In dieser Synthese tritt der dritte Aspekt Christi, der "Christus der Eucharistie und der Parusie"[156] neben dem "Jesus-Mensch" und dem "Wort-Gott", in den Vordergrund, weil dieser erst jetzt, durch die Metaphysik der Vereinigung, verstanden und wahrgenommen werden kann. Teilhard interpretiert daher die Entwicklung allgemein als Kosmogenese mit einem personalen Endpunkt. Die Offenbarung Gottes wird dadurch bestätigt, und die Evolution ist nicht mehr indeterminiert sondern hat einen konkreten Gipfel, das reale Christentum. Womit Christus in eine aktuelle Weltanschauung, das Evolutionsprinzip, integriert wird.[157] Teilhard präzisiert Christus als "Christus Evolutor", als Identifikation von Kosmogenese und Christogenese, da sich Christus durch die Evolution in die Entwicklung hineinbegeben hat. Gott erfüllt seine "Aufgabe" als Beweger und Erzeuger durch Schöpfung, Inkarnation und Erlösung, den drei Seiten des Geheimnisses der schöpferischen Vereinigung der Welt in Gott.

Das Ideal des neuen religiösen Geistes, das Teilhard beschreibt, ist die Vorwegnahme der "Super-Menschheit der Vereinigung". Wir ahnen oder spüren die Existenz einer Bewegung, die ihren Ausdruck bisher nur in der vorausschauenden Intelligenz und im Willen einzelner Persönlichkeiten findet und sollen unser Verhalten entsprechend gestalten. Das noch unbefriedigte Herz wird bald Erfüllung in der Liebe zur Evolution finden, da Christus als Omega und damit ein Jemand im Werden ist: "Du sollst Gott in und durch die Genese des Universums und der Menschheit hindurch lieben." (MG 221) Eine neue Dimension der christlichen Caritas eröffnet sich: Dynamisierung (nicht mehr nur lindern, sondern vorantreiben), Universalisierung und damit Panthetisierung. Dadurch will Teilhard gleichzeitig den Vorwurf der Unzeitgemäßheit des Christentums, z.B. das Gebot der Widerstandslosigkeit, entkräften. Der "Akt der Super-Liebe" ist fähig, alles zu synthetisieren und stellt den bisher höchsten und stärksten einheitlichen, menschlichen Standpunkt dar: "um das Christentum [zieht sich] immer mehr die Hauptachse der Hominisation zusammen [...]." (MG 223)

"Evolutive Schöpfung" nennt Teilhard den Ursprung des Lebens. Der transzendentale Gott, d.h. der von der Evolution unabhängige, erscheint uns als ein "aktuelles Ultra-Zentrum der Konvergenz". (LE 30) Daraus ergibt sich die spezielle Deutung der Evolution als Bewußtseinsanstieg: "dieser Strom [ist] eine durch die Einwirkung eines höchsten Stern hervorgerufene Flut." (Ebd.) Gott fungiert als "erster Beweger nach vorn". (LE 31) Von all denen, die das nicht glauben, fordert Teilhard einen Beweis: Denn "daraus, daß unser Geist kein erstes Glied der phänomenalen Verkettung wahrnimmt, kann man nicht auf das Nichtvorhandensein eines ontologischen Beginns der Dauer schließen." (Ebd.) Er selbst geht soweit, zu sagen, daß die Erkenntnis Gottes seit der Entdeckung der Evolution zwingend ist: "Seitdem in unserem Bewußtsein der 'evolutive Sinn' emergiert ist, ist es uns physisch nicht mehr möglich, etwas anderes als an einen Gott, der der organische Erste Beweger ab ante ist, uns vorzustellen oder anzubeten." (MG 284) Diesen Schöpfergott bezeichnet Teilhard auch als Alpha. "Gott erwartet uns am Ziel der Evolution" (ZM 109) - als "Omega-Christus". Christus ist das Ziel aller Evolution, von Teilhard deshalb Punkt Omega[158] genannt.

Teilhard bringt seine diesbezüglichen Überlegungen in dem "Entwurf einer Dialektik des Geistes" (LE 26-36), einem zu Lebzeiten unveröffentlichten und sehr konzentrierten Aufsatz aus dem Jahre 1946, in dem er sich gegen Pantheismus- und Naturalismus-Vorwürfe zu verteidigen sucht, konkret zum Ausdruck. Darin geht er von der o.g. Voraussetzung aus, daß die "kollektiv reflektierte Menschheit" als Einheit einen göttlichen Kern voraussetzt, weil sich sonst keine weitere Komplexifikation denken läßt, "die ein höheres Bewußtsein determiniert" (LE 28). Außerdem bedeute in einem Universum unter der Bedingung der Entropie, ein Stehenbleiben an einem bestimmten Punkt ein "nach hinten Zurückfallen". (LE 29) Aufgrund der vorgetragenen Dialektik des Geistes kommt Teilhard zur Anerkenntnis einer "*qualifizierten* Existenz Gottes" (LE 36). Diese Dialektik ist nicht ganz im Sinne der herkömmlichen Definition zu verstehen, sondern als eine "Abfolge von 'Hin und Her' zwischen dem Bekannten und dem weniger Bekannten" (LE 26). Das weniger Bekannte (z.B. inkarnierter Gott) wird forschend durchdrungen und jede dort erreichte Erkenntnis erlaubt es, das Bekannte (z.B. christliches Phänomen) besser zu verstehen usw. Teilhard bezeichnet diese Dialektik auch als eine Art Mittel der Apologetik. (Ebd.) Gott führt die Vereinigung herbeiführt, indem er das Viele anzieht. Der Mensch als psychologisch am höchsten entwickeltes Wesen wird am stärksten und personal angezogen, da Gott "sich in uns Menschen an das wendet, was am menschlichsten in uns ist - das heißt an unsere Einsicht, an unser Herz und an unsere Freiheit." (LE 31) So gelangt das Christentum in den Blick der Untersuchung, das seit dem Auftreten die Entwicklung der Noosphäre nachhaltig beeinflußt, getragen von der Überzeugung, die Antwort auf eine göttliche Offenbarung zu sein, "[...] den zwischen Gott und dem Universum *durch ein personales Milieu hindurch* überspringenden Funken." (LE 32) Mit der Annahme der Wahrheit des Christentums kann die Bewegung des Geistes weitergehen. Das Wort Gottes inkarniert sich. Das Transzendente wird durch die Gotteserkenntnis des Menschen immanent. (Vgl. 3.6.) Das ist "[...] nicht mehr Akt des Erkennens, sondern des *Anerkennens*, das ganze komplexe Spiel zweier Wesen, die sich einander frei öffnen und schenken - die Emergenz des theologischen Glaubens unter dem Einfluß der Gnade." (LE 33) Damit kommt Teilhard zum vierten und letzten Schritt seiner Dialektik, der zwischen dem Bekannten, die lebendige Kirche, und dem weniger Bekannten, Christus-Omega, reflektiert. Er bezeichnet die lebendige Kirche, als ein "in die Noosphäre durch das historische Auftreten Jesu Christi gelegter Keim der Super-Vitalisation." (Ebd.) Das eigentliche Erkenntnisziel, die Definition des Punktes Omega, bildet den Abschluß seiner Apologetik. Der Punkt ist der Gipfel eines Kegels, der die psychische Komplexifikation darstellen soll. Der Kegel besteht aus einem inneren Kegel, dem "christischen" Kegel und einem äußeren "humano-kosmischen" Kegel, der den "christischen" in sich einschließt.[159] Der Punkt Omega selbst setzt sich aus drei Bestandteilen zusammen. Seine Mitte bildet das göttliche Zentrum, "[...] äußerlich der immanente ['natürliche'] Gipfel des humano-kosmischen Kegels; weiter innen, in der Mitte, der immanente ['übernatürliche'] Gipfel des 'kirchlichen' oder christischen Kegels [...]." (LE 34)

Auf der letzten Seite seines Tagebuches hat Teilhard drei Tage vor seinem Tod in wenigen Zeilen seinen Glauben zusammengefaßt: "Das Universum ist zentriert evolutiv nach oben/vorn [...] Christus ist sein Zentrum". (ZM 405) Dieser, von Teilhard auch "Christus Universalis Evolutor" genannt, "ist das Ziel sogar der natürlichen Evolution des Seienden." (ZM 400) Der Punkt Omega stellt eine Synthese dar und umfaßt "ganz im Kern schließlich das trinitare und göttliche transzendente Zentrum. Das vollständige Pleroma verbindet sich unter dem Mittlertum Christi-Omegas." (ZM 34) Der christliche bzw. von Teilhard später christisch genannte Kegel bildet beim Aufstieg des Bewußtseins das Zentrum des allgemein-menschlichen Kegels. Teilhard schaut dies aufgrund einer "Mystik der Zentration, die sich in der totalen und totalisierenden Haltung einer Liebe zur Evolution resümiert." Er sieht eine "Super-Menschheit, gekrönt von einem Super-Christus, dem Prinzip selbst einer Super-Caritas" voraus. (MG 284)

Teilhard "[...] hat niemals den *Inhalt* des Dogmas in Frage gestellt [...]."[160] Vielmehr ging es ihm darum, die intuitiv erfaßte "Übereinstimmung zwischen der Ordnung der 'Natur' und der göttlichen Ordnung" nachzuweisen.[161] Das geschieht anschaulich durch den o.g. Neologismus "christisch". Teilhard unterscheidet zwischen der "Majestät des Universums" und dem "Primat Gottes". (LE 36) Gegen den aus dieser starken Betonung der Materie, des Menschen und des Universums resultierenden Vorwurf des Pantheismus hat sich Teilhard immer gewehrt und der Verteufelung eines von ihm vertretenden christlichen Pantheismus widersprochen. Guardini löst das Mißverständnis auf: "Katholisches Wesen verbindet die wesenhaft christliche Haltung des Kreuzes, der Gnade, das Wegwerfenkönnen alles Geschaffenen um der Liebe Gottes willen mit jener aller Wirklichkeit offenen Bejahung, die heidnisch wird, sobald sie sich vom Kreuze trennt."[162] Teilhard steht sowohl in der Tradition des Thomismus als auch in der des Scotismus. Wie in der Schöpfungslehre des Thomas hat der stufenförmige Aufbau der Welt bei Teilhard, mit dem Menschen als Zentrum, sein Grund und Ziel in Gott, der den Naturdingen eine selbsttätige Kausalität verleiht. Wie bei Dun Scotus ist die Schöpfung auf Christus ausgerichtet. Ohne Christus ist die Schöpfungsordnung unvorstellbar.[163] Teilhard setzt als Ziel der von ihm geschauten Entwicklung den "Punkt Omega", bestehend aus der "Super-Menschheit" und dem "Super-Christus". Dieser Endpunkt läßt sich jedoch nicht beweisen, und das fordert Widerspruch heraus. Womit korrespondiert diese Überzeugung vom Ideal des christlichen Glaubens als angemessenste Haltung in der Gegenwart? Mircea Eliade sieht dies aus einer ganz anderen Motivation heraus ähnlich. Für ihn ist das Christentum die Religion des "gefallenen Menschen", "[...] und zwar insofern, als der moderne Mensch unrettbar der Geschichte und der Fortentwicklung angehört und als die Geschichte und die Fortentwicklung einen Fall bedeuten und beide das endgültige Verlassen des Paradieses der Archetypen und der Wiederholung einschließen."[164] Teilhards Synthese aus Christentum und Naturwissenschaft stellt eine neue Denkform des christlichen Universalismus dar. Die durch die Noosphäre gekrönte Evolution ist die theoretische Ebene, auf welche die praktische, Jesus sowie Moral und Ethik, als Pendant dazu aufbaut. Gott ist Totum allen wirklich Seienden im Horizont des möglichen Seins.

3.6. Die Probleme der Synthese

Teilhard sieht die Eigenheit und die Schwierigkeit jeder Synthese darin, "daß ihr Ziel bereits in den Anfängen enthalten ist". (MK 29) Damit greift er den Grundgedanken seiner Überlegungen auf und meint den doppelten Charakter von Synthese in Natur und Denken. Die Probleme, die Teilhard zu lösen versucht, drehen sich im Grunde um das zentrale Problem der Synthese. Warum sonst will Teilhard kausale Evolution und finales Christentum vereinen? Warum sonst sieht er die Menschheit (Noosphäre) sich durch die Noo/Christogenese auf ein Ziel (Omega-Christus) zubewegen? Teilhard will die allumfassende Synthese, ohne die Stufen oder Unterschiede zu leugnen. Deshalb finden sich in seinem Werk zahlreiche monistische und pantheistische Anklänge. "Es wäre absurd, auf einer Kugel die Meridiane am Äquator miteinander zu verwechseln (Konkordismus); am Pol aber müssen dieselben Meridiane aus struktureller Notwendigkeit zusammentreffen (Kohärenz)." (MW 9) Das Problem der Naturteleologie wird von der Synthese zugedeckt, die Teilhard zeitweise große Popularität einbrachte. Er wußte, daß er "gleichzeitig die reinen Naturwissenschaftler und die reinen Metaphysiker gegen" sich haben würde. (Reisebriefe II, 38)

In seiner als "Evolutionsmetaphysik"[165] kritisierten Synthese kommt die Natur von Gott und hat ein Ziel. Finalität bedeutet Abhängigkeit von der Zukunft. In diesem Sinne wollte Teilhard "[...] den Menschen von der Zukunft her erfassen: dies ist die Intention seiner Anthropologie."[166] Teilhard richtet sich damit gegen die einseitige Naturbetrachtung, welche die Natur in Moleküle und Atome auflöst und dabei das Ganze aus den Augen verliert. Er richtet sich ebenso gegen den Pessimismus, der angesichts des Zweiten Weltkrieges, der Erfindung der Atombombe und dem mörderischen Wirken der Ideologien seinerzeit weit verbreitet war. Genauso ist ein Glauben, der nichts mehr mit dem Leben und dem Blickfeld des menschlichen Geistes zu tun hat, für Teilhard überwindungsbedürftig. Die Synthese läuft jedoch ständig Gefahr, eine ungewollte Vermischung der Gegensätze zu sein. Teilhard ist sich dessen bewußt und versucht dem entgegenzuwirken. Duch die klare Trennung von Anfang und Ende der Entwicklung entsteht ein denkbares Modell. Gott gibt den Anstoß zur Schöpfung und legt den Keim des Geistes ebenso zu Grunde wie den der Materie. Wie bei Hegel findet nun ein Entfremdungsvorgang statt, der am Ende im Punkt Omega, der Vereinigung der Gegensätze, wieder überwunden wird.[167] Damit vermeidet Teilhard die pantheistische Gleichsetzung von Gott und Welt.

"Entgegen einer weitverbreiteten Auffassung erklärt die Evolutionstheorie nur die Art des *genetischen* Fortschreitens, aber sie liefert von sich aus keinen *normativen* Fortschrittsbegriff."[168] Um einen solchen zu erhalten, muß man den Menschen als Maßstab nehmen. Das ist durchaus legitim, läßt sich aber nicht aus der Evolution herleiten. Auf welcher Annahme beruht die Sonderstellung des Menschen bzw. die Feststellung, der Mensch sei der bisherige Höhepunkt der Entwicklung? Die

"Relativität, die ständig als Gefahr über unserm Geiste schwebt", beschreibt Teilhard als seine Motivation für die Suche nach einem normativen Fortschrittsbegriff. (MK 141) Nur die Anerkenntnis des Menschen als herausragendes Wesen der Evolution und sein einmaliges Verhältnis zu Gott macht Verantwortung der Welt gegenüber möglich.[169] Hier schwingt die säkularisierte Idee der christlichen Heilserwartung mit, da es keinen weltlichen Glauben an den Fortschritt geben würde "[...] ohne den ursprünglichen Glauben an ein überweltliches Ziel des Lebens."[170] Der aus der Finalität folgende Optimismus macht das Geschehen, was auch passieren mag, zu einem Fortschritt der Menschheit. In der Ansicht, daß der Mensch die Höchstleistung der Entwicklung der Natur, die von Ordnung und Zweck bestimmt ist, sei, kommen Teilhard und Aristoteles zusammen.[171] Bei Herder ist, wie bei Teilhard, der geschichtliche Fortschritt bereits in den anorganischen Naturkräften angelegt. Da auf die Gestalt des Menschen "[...] alle Formen der Thierbildung zu konvergieren scheinen, und ohne jene, so wie ohne das Reich des Menschen, die Erde ihres Schmucks und ihrer herrschenden Krone beraubt bliebe; warum wollten wir dies Diadem unsrer Erwählung in den Staub werfen und gerade den Mittelpunkt des Kreises nicht sehen wollen, in welchem alle Radien zusammen zu laufen scheinen."[172] Die Frage ist, ob in der Geschichte eine Finalität herrscht, die der in der Natur ähnlich ist. Existieren dort nicht vielmehr Freiheit und "offene Möglichkeiten", die auch das Gegenteil des Gewünschten bringen können?

Daran schließt sich die Frage an, ob Teilhard, "indem er der Geschichte einen Sinn zuerkennt und indem er diesen Sinn *in Christus* liest, eine authentische Antignosis" schafft.[173] Findet die Überwindung des Dualismus bei Teilhard im Erlöserakt statt, oder ist Teilhard ein Gnostiker, wie Hengstenberg behauptet?[174] Teilhard wurden vor allem von seinen katholischen Kritikern Materialismus, Monismus und Pantheismus vorgeworfen. Hengstenberg verortet Teilhard ideengeschichtlich in der Nähe monistischer Theorien in der Nachfolge Descartes, da Teilhards Lehre eine dynamisierte Form der Spinozistischen Zwei-Attributen Lehre sei.[175] Der Vorwurf des Materialismus, wie Hengstenberg ihn erhebt, greift laut Broch nicht, da er auf einer Fehlinterpretation basiert, die allerdings naheliegend ist. Sie geht von

Teilhards "Einheit von Materie und Geist" aus, bei der er allerdings ausdrücklich das Primat des Geistes betont.[176] Der Vorwurf des materialistischen Monismus ist unberechtigt, da Teilhard in der Einheit durchaus die Unterschiede von Geist und Materie gelten läßt.[177] Ist schon beim Monismus-Vorwurf das Problem der Definition gegeben, so noch viel stärker bei dem des Pantheismus, welcher ja die religiöse Spielart des Monismus darstellt. Teilhard steht in einer Tradition, die von Plotin über Johannes Scotus Eriugena bis zum deutschen Idealismus, besonders Schelling und Hegel, reicht. "Auch sein Pantheismus steht unter dem Zeichen von Immanenz und Transzendenz, Einheit und Andersheit. Es ist für ihn so selbstverständlich wie für den größten Teil dieses ihm vorausgehenden philosophisch-theologischen Stroms, daß Gott nicht das Resultat aus der Einswerdung, Verschmelzung, Identifikation der Vielheit der Welt ist, sondern daß die Vollendung der Einswerdung der Welt und Gottes mit der Welt zugleich auch die Vollendung der jeweiligen Andersheit von Gott und Welt ist."[178]

Die Synthese Teilhards läuft auf eine Aufhebung des Dualismus von Transzendenz und Immanenz hinaus, auf eine Kondeszendenzlehre, die den transzendenten Gottesbegriff mit dem immanenten Entwicklungsbegriff verbindet und so zu einer umfassenden Deutung der Wirklichkeit gelangt. Kondeszendenz heißt soviel wie das Herabsteigen Gottes, welches einen kontingenten Akt bedeutet, der das Schema der Abstraktion der Entgegensetzung von "Immanenz" und "Transzendenz" überwindet.[179] Es gibt die Immanenz Gottes in der Welt, bei Teilhard Innenseite der Dinge, gleichzeitig aber die Transzendenz, "weil Gott nur Ermöglichungsgrund, Bedingung der Möglichkeit, nicht aber innerweltliche Ursache der Lebewesen ist."[180] Der Gedanke der Vereinigung beider ist alt und hat viel mit der Idee vom werdenden Gott, der schon bei Eriugena und Meister Eckhardt auftaucht, und der Vorstellung der Akkomodation bei den Kirchenvätern zu tun. Die Begriffsbildung stammt aus der protestantischen Neuzeit und wird wohl deshalb von Teilhard nicht verwendet. Es finden sich in der philosophischen Literatur zahlreiche Hinweise auf dieses Thema. Teilhard stellt sich so einem Problem, das durch das Denken aller Zeiten geht. Einen zentralen Platz nimmt es in den Werken von Scheler und Heidegger ein. Nach

Scheler ist der Mensch "[...] nicht Nachbildner einer an sich bestehenden oder schon vor der Schöpfung in Gott fertig vorhandenen 'Ideenwelt' oder 'Vorsehung', sondern er ist Mitbildner, Mitstifter und Mitvollzieher einer im Weltprozeß und mit ihm selbst werdenden ideellen Werdefolge." Der Mensch trägt "[...] die höhere Würde eines Mitstreiters, ja Mitwirkers Gottes, der die Fahne der Gottheit, die Fahne der erst mit dem Weltprozeß sich verwirklichenden 'Deitas', allen Dingen vorzutragen hat im Wettersturm der Welt."[181] Scheler, obwohl jüdischer Abstammung selbst Katholik und zeitweise der wichtigste katholische Philosoph Deutschlands, ist mit dieser Auffassung ein Anreger für Heidegger, der aus einem katholischen Umfeld stammt. Bei ihm bedeutet die "[...] Anerkennung der Zugehörigkeit des Menschen in das Seyn durch den Gott, das sich und seiner Größe nichts vergebende Eingeständnis Gottes, des Seyns zu bedürfen."[182]

Daß die Auffassung der Kondeszendenz für Teilhard unumgänglich, ja Voraussetzung für seine Synthese ist, unterstreicht Muralt: "Ein Werden reiner Immanenz aber, das jegliche Transzendenz ausschließt, kann nur zu einem Endzweck gelangen, indem es zu werden aufhört. [...] Darum krönt Teilhard de Chardin seinen Evolutionismus mit der Lehre von der Kirche. Sie allein, inmitten der geschichtlichen Immanenz, stößt zu einer aktuellen unendlichen Transzendenz durch."[183] Diese Ansicht kann sich auch auf Thomas berufen, der folgendes feststellt: "Zur vollendeten Vollkommenheit des Universums mußte es daher Geschöpfe geben, die nicht allein auf Grund einer Ähnlichkeit der Natur, sondern auch durch ihre Tätigkeit zu Gott zurückkehren." (cg II,46) Persönlich-unabhängiger Gott und werdender Gott lassen sich jedoch nur bedingt vereinen, da der Gott dann zwei Gesichter hätte.[184] Durch die Verbindung von katholischer Dogmatik und Evolutionstheorie stellt Teilhard sich v.a. einem kulturellen Problem. Das Auseinanderdriften der verschiedenen Weltanschauungen ist wesentlich durch die Erklärungserfolge der Naturwissenschaften hervorgerufen worden. Da diese allerdings immer Fragen, oftmals die für den Menschen entscheidenen, offenlassen, hat die Kirche nach wie vor ihre Berechtigung, auch für einen Naturwissenschaftler. Aus beiden Allmachtsansprüchen haben sich verschiedene kulturelle Milieus entwickelt, die sich fast verständnislos gegenüberstehen. Hier will Teilhard vermitteln, und es ist zum großen Teil ihm zu danken, daß die dogmatischen Zeiten vorbei sind und sich eine Verständigung zwischen Wissen und Glauben unter gegenseitiger Achtung anbahnt. Teilhards "theologisches Grundanliegen ist die Vereinigung von Gott und Welt, von Glaube und Forschung (Oratorium und Laboratorium), von natürlicher Geschichte (Evolution) und Heilsgeschichte (Christogenese), von natürlicher Reifung der Menschheit und dem Punkt der übernatürlichen Parusie (im Punkt Omega)."[185]

So sind Teilhards Bemühungen um einen Ausgleich der unterschiedlichen Arten des Glaubens ein wesentlicher Punkt in seiner Argumentation. Der Glaube ist vorhanden, er ist gespalten und muß sich vereinigen, da es um die ganze Menschheit geht. Solch eine Ansicht, die schnell in eine Absicht transformiert werden soll, ist aus dem Munde eines Jesuiten natürlich der Kritik nichtchristlicher Zeitgenossen ausgesetzt. Teilhard wurde unterstellt, daß er angesichts des dramatischen Einflußverlustes der katholischen Kirche lediglich die Weichen für eine Missionierung, im Sinne der Heidenmission bei den Germanen im Frühmittelalter, stellen will. Dann würden gewiß zwei Glaubensrichtungen zusammengeführt werden. Wobei eine unterrepräsentiert wäre, wie es im Synkretismus oft der Fall ist. Man könnte auch sagen, Teilhard spricht zunächst als Christ zu Christen und will so den Boden für eine "Neue Theologie" mitbereiten. Diese "nouvelle théologie" gab es tatsächlich, als eine katholische Bewegung vor allem in Frankreich, welche die Natur-Gnade-Dualität überwinden wollte. Darauf antworteten scharfe Kritiker, wie z.B. Jacques Maritain, die darin eine Aufweichung des christlichen Glaubens sahen und eine Erschütterung des transzendentalen Fundaments der Theologie befürchteten.[186] Im deutschen Sprachraum problematisiert der Briefwechsel zwischen Friedrich Heer, einem Katholiken, und Gerhard Szczesny, einem Nichtchristen, dieses Thema stellvertretend. Darin begegnet Heer dem Vorwurf, das Christentum sei nicht mehr zeitgemäß in seinem Wahrheits- und Absolutheitsanspruch, u.a. mit dem Hinweis auf das gerade erschienende Werk Teilhards. Dieser stand "[...] an der Front des Menschen. Dort, wo es gilt neue Organe auszubilden, um mehr Wirklichkeit wahrzunehmen." Das heißt, vor allem für die Zukunft zu forschen und den "Kontakt des ganzen Menschen mit dem ganzen Menschen zu pflegen." [187] Der Nichtchrist Szczesny antwortet darauf: "Es hat [...] gerade im katholischen Christentum immer Menschen gegeben, die eine Synthese von Christentum, Weltgläubigkeit und Lebensbejahung versucht und zumindest für sich persönlich auch zustande gebracht haben. [...] es ist einer "offenen" Katholizität durch alle Jahrhunderte hindurch gelungen, [...] Heidentum ins Christliche einzuschmelzen."[188] Dieser Sachverhalt, der u.a. auch den Erfolg der christlichen Mission erklärt, kann von beiden Seiten kritisch gesehen werden. Die Christen beklagen eine Verwässerung und die Heiden den Verlust ihres Glaubens.

Alle bisher besprochenen Punkte ließen sich unter dem Motto der Überwindung des abendländischen Dualismus zusammenfassen. In der Tat handelt es sich dabei um ein zentrales Problem der Geistesgeschichte des Abendlandes. Die Philosophie wurde gleichsam aus dem Geiste des Dualismus, als Aufhebung des mythischen Monismus, geboren. Dieser Dualismus hat im Laufe der Geschichte Verstärkungen erfahren, die jetzt möglicherweise nachlassen. Das sah nicht nur Teilhard so. Zum einen gab es immer untergründig ein Bemühen um einen ganzheitlichen, nicht-haeckelschen Monismus, z.B. Spinozas Pantheismus, zum anderen gab es zeitgleich mit Teilhard Denker, die dieses Problem zu lösen suchten. Jean Gebser beispielsweise ist der Überzeugung, daß "[...] die Dualismus-Überwindung und die Zeit-Überwindung [...] den sich heute vollziehenden Strukturwandel des europäischen Geistes evident machen" dürften.[189] Im Gegensatz zu Teilhard vermeidet es Gebser von Fortschritt oder Höherentwicklung der Menschheit zu sprechen, da das Geschehen für ihn nicht biologisch oder historisch determiniert ist. Aber auch für Gebser bedeutet "[...] die Auflösung der Gegensätze nicht einen Zerfall [...], sondern die Geburt einer höheren Einheit."[190] Damit einher geht ein Bemühen um die Überwindung des Individualismus, insbesondere bei Othmar Spann und seiner Philosophie der Ganzheit und des Universalismus: "Das Ganze als solches hat kein Dasein. Es wird in den Gliedern geboren. Darum ist es vor den Gliedern. Und es geht in den Gliedern nicht unter. Darum ist es am Grunde der Glieder. So ist das Ganze alles in allem; alles ist in ihm und es ist in allem."[191] Teilhard beklagte, daß es uns nicht gelingt, "[...] uns von der Vorstellung freizumachen, daß wir, wenn wir so allein wie möglich sind, am meisten Herr unserer selbst werden." (ZM 240)

C. Zusammenfassende Überlegungen

Die Behandlung des Problems der Finalität als Naturdetermination hat zahlreiche Wandlungen erfahren. In den Wissenschaften hält die Diskussion darüber weiter an. Das ist ein Indiz dafür, daß die Interpretation des mit Naturteleologie bezeichneten Phänomens naturwissenschaftlich nicht abgeschlossen ist. Es handelt sich also nicht allein um ein theologisches Problem.

Der Hauptteil war bei der Frage stehen geblieben, ob es sich bei der Naturfinalität bzw. Naturteleologie um eine Realkategorie oder um eine Kategorie des Erkennens handelt. Meiner Meinung nach sind Real- und Erkenntniskategorie nicht auseinanderzuhalten. Die Naturteleologie kann nicht im naturwissenschaftlichen Sinne erklären, aber sie kann dem Menschen das Verstehen der Natur erleichtern. Der Unterschied zwischen Erklärung und Verstehen besteht nach Dilthey in folgendem: Verstehen bedeutet die Einzelheiten im Zusammenhang als Ganzheit zu begreifen. Die Erklärung führt die Erscheinungen auf allgemeine Gesetze zurück, so daß oftmals ein unerklärbarer Rest bleibt.[192]

Es gilt wohl folgender Aphorismus: "Das Finalitätsprinzip läßt die Dinge unerklärbar werden; sein Fehlen läßt sie unverständlich werden."[193] Die Frage, ob Naturteleologie real existiert, ist nicht zu beantworten, da bereits die Frage die objektive Erkennbarkeit voraussetzt. Wahrnehmung von Finalität ist objektiv nicht möglich. Finalität in der Natur existiert nur in Bezug auf den Menschen, weil nur dieser sie feststellen kann. Finalität als Naturdetermination existiert daher real, unter Beachtung dieser Einschränkungen, als offene Finalität, die Ziel und Zufall vereinen kann. Problematisch ist dabei das Ziel. Wie soll es aussehen? Über die Feststellung der Zielläufigkeit kommt die induktive Wissenschaft nicht hinaus. Da das Ziel in der Zukunft liegt, könnte der Beweis für seine Existenz und sein Wirken erst nach Erreichen desselben erbracht werden. Teleologie ist in diesem Sinne immer metaphysisch. Nur eine den Dingen innewohnende Finalität ohne allgemeines Endziel, wie sie Aristoteles vertrat, ist naturwissenschaftlich vertretbar. Alles andere ist Deduktion. Die Teleologie von Aristoteles und Thomas, an der sich Hegel orientierte, ist heute in der Form nicht mehr akzeptabel. "The principle of finality [...] needs modification along lines indicated by Teilhard de Chardin in *The Phenomenon of Man.*"[194] Das aristotelisch-thomistische Weltbild hatte zwischen Materie, Leben und Bewußtsein eine Lücke gelassen, keinen schroffen gnostischen Dualismus. Neues konnte nicht entstehen.

Wie verhält sich Teilhards Finalismus zu dem oben Gesagten? Bezieht sich bei ihm die Finalität auf die Stufe der ontologischen bzw. totalen Evolution? Erscheint Teilhard auf der Ebene des Lebendigen "jede vitalistische oder finalistische Bedeutung [...] unannehmbar und überholt"[195]? In dem Text Teilhards, auf den sich diese Behauptung beruft, ist er tatsächlich der Meinung, daß solche "Konzeptionen" unzeitgemäß seien. (SV 392) Teilhard will diese jedoch nicht verwerfen, sondern durch eine naturwissenschaftliche Definition der Orthogenese berichtigen. (SV 389-398) So äußert sich der Richtungssinn der Evolution zunächst in der Differenzierung der Materie und schließlich in der Artdifferenzierung bis hin zum Menschen. Der Grundvorwurf seiner Gegner, die ihm sowohl einen materialistischen Monismus als auch Übervergeistigung unterstellten, bestand darin, daß Teilhard das Problem der Übergänge bzw. Entstehung von Materie, Leben, Geist und Freiheit nicht wirklich lösen konnte.

Das unter dem Stichwort "Holismus" vereinigte Ganzheits-Denken, in den USA als "emergent evolution" bezeichnet, geht davon aus, daß die gesamten Wirklichkeitsbereiche trotz aller Verschiedenheit eine echte Ganzheit in Form einer Stufenfolge bilden. Unter dieser Bezeichnung werden gelegentlich auch Aristoteles, Thomas und Hegel subsumiert.[196] Das ergäbe einen Bezug zum Denken Teilhards, der sich anhand der Texte rechtfertigen lassen würde. Mit einem modernen Vertreter des Holismus, John Scott Haldane, stellt Teilhard, der seine Quellen sonst nur sehr ungenau bezeichnet, ausdrücklich Übereinstimmung fest. (MK 32, 263) Dieser vermutete wie Teilhard überall das Vorhandensein von Bewußtseinsformen. Teilhard könnte somit als Holist bezeichnet werden.

Die von Teilhard entworfene "Neo-Anthropozentrik der Bewegung" kommt seiner Meinung nach ohne jeden außernatürlichen Finalismus aus. Danach ist "[...] der Mensch nicht mehr Zentrum, sondern ein auf das Zentrum eines in Sammlung begriffenen Universums hin abgeschossener Pfeil." (AM 279) Es geht Teilhard nicht um einen Gottesbeweis, sondern um eine Anthropologie und Kosmologie als Naturphilosophie. Gott steht für Teilhard vor allen Spekulationen und Forschungen als reines Sein absolut fest. "It is Teilhard, more than anyone else, who has shown how everything of permanent value in the medieval theory of finality can be integrated with the modern scientific world view [...]."[197] Bei Aristoteles findet Teilhard die Idee des vollkommenen Ursprungs, der in Gott, mit Bezug auf den Ersten Beweger, personifiziert wird. (MK 266) Die rationale Argumentation Teilhards beruht auf dem Modalproblem des möglichen Seins. Die Innenseite der Materie kommt als Geist zur vollendeten Wirklichkeit. So läßt sich die Behauptung einer gedanklichen Verwandtschaft Teilhards und Aristoteles' durchaus rechtfertigen. Phänomenologie und Ontologie fallen bei beiden immer zusammen. Auch wenn es so scheint: Das Naturgeschehen als Ganzes ist nicht determiniert, da nicht klar ist wie es erreicht wird, obwohl das Ende bzw. Ziel sicher ist. Und für beide gilt was Düring mit Blick auf Aristoteles sagt: "Originalität in der Philosophie besteht nicht nur darin, daß man neue und Aufsehen erregende Ansichten verkündet; sie liegt auch in der kraftvollen Synthese, in der kühnen Verbindung und Integration der Gedanken zu einem neuen Ganzen."[198] Daneben gibt es allerdings Unterschiede, die v.a. in der Evolution und dem Christentum liegen.

Carl Friedrich von Weizsäcker ist der Auffassung, daß die moderne "Wissenschaftsgläubigkeit" eine Abart des christlichen Glaubens sei: "Die Naturwissenschaft ist ein Produkt des Christentums, und *das* ist der historische Zusammenhang zwischen beiden."[199] Der Mensch strebt, gemäß des Alten Testaments, nach Beherrschung von Welt und Natur. Ein Irrweg bzw. eine Häresie wird der beschrittene Weg durch das Vergessen der Bedingung, unter der der Mensch sich die Welt untertan machen sollte, nämlich als Kind Gottes.[200] Diesen Irrweg will Teilhard verlassen. Dem Pessimismus und Nihilismus setzt er die Begründung eines

Optimismus entgegen.[201] Der Sinn dieses Optimismus ist ein doppelter. Zum einen glaubt Teilhard als Christ an die Erlösung, zum anderen hat nach einem Sprichwort, wer sich aufgibt schon verloren. Er kann nicht gewinnen, da er es nicht versucht. Der Optimismus ist "die eigentliche Großtat Teilhards".[202] Er resultiert aus der Übernahme von Verantwortung für die Schöpfung und ist daher die ethische Konsequenz der Naturfinalität und des christlichen Universalismus. Verantwortlich sein kann der Mensch nur, wenn er sich als höchste Stufe der Entwicklung begreift und so seiner Verantwortung bewußt wird, die der Wissende dem Unwissenden gegenüber hat. Der Mensch muß sich nach Heidegger die "Weltfrage des Denkens", wie "das Denken dem Denkwürdigen zu entsprechen vermag", stellen: "An ihrer Beantwortung entscheidet sich, was aus der Erde wird und was aus dem Dasein des Menschen auf dieser Erde."[203] Die praktisch-normative Anwendung der Naturteleologie äußert sich bei Teilhard in der Christologie. "Mit dieser 'Metaphysik der Einigung' gelingt es Teilhard, die Gott-Welt-Beziehung viel enger zu gestalten, als das dem traditionellen christlichen Denken möglich war."[204] Die Bestimmung des Naturbegriffs beeinflußt das Verhalten der Menschen und so reflektiert die Christologie auf das ökologische Problem.

"In der kosmischen Evolution, so könnte man sagen, zeichnet sich Determinismus an beiden Enden ab, allerdings in zwei einander entgegengesetzten Formen; unten ein Sturz in das Wahrscheinliche *durch Mangel* an Freiheit - oben ein Aufstieg ins Unwahrscheinliche *durch Triumph* der Freiheit." (ZM 241) Dazu ist nach Teilhard der christliche Glaube notwendig, da nur er den Menschen durch Entweltlichung zur Freiheit führt. Teilhard war ein Kämpfer für den christlichen Glauben, den er durch die Verbindung zur modernen Naturwissenschaft neu erfahrbar machen wollte. Mit dieser Haltung steht er nicht allein. Auch andere Wissenschaftler waren und sind der Meinung, daß die Naturwissenschaft einen neuen Zugang zum Christentum ermögliche.[205]

Die moderne Naturwissenschaft stößt an Grenzen. In der Genetik an ethische und in der Astrophysik an Grenzen der Erkenntnis.[206] Diese Problematik zeigt deutlich, wie aktuell Teilhard mit seinem Versuch der Synthese von

Naturwissenschaft und Religion ist. Er will die Erkenntnisse der Wissenschaften in einem offenen System synthetisieren und den gewaltigen Stoff in einer Art "Summe" zusammenfassen.

"Der Gott der Evolution" (MG 281-288) schöpft den Menschen durch Evolution. Die Lösung für die Unterschiede zwischen Christentum und Evolution besteht in der Ausweitung des Evolutionsbegriffes, nicht in der Aufweichung des christlichen Glaubens. So ist die Seele bzw. der Geist von Gott, wenn deren Zueignung an den Menschen durch einen Prozeß und nicht durch einen plötzlichen Akt erfolgt. "Ist sie auf etwas hin offen, das dem totalen Tod entrinnt, so ist die Evolution die Hand Gottes, die uns zu ihm zurückholt." (WC 276) Die Finalität der Natur ist bedingt durch die Allgegenwart Gottes und hat dessen Reich als Ziel.

ANMERKUNGEN

[1] Löwith: Teilhard de Chardin, S. 306.
[2] Hervorzuheben sind Hengstenberg: Mensch und Materie; und einige Dissertationen, v.a. Broch. Die meisten Arbeiten haben jedoch einen theologischen Schwerpunkt.
[3] Vgl. die Aufsätze von Bernier, Bertrand-Serret, Guérard des Cauriers, Kremmeter, Paskai und Russell im Literaturverzeichnis. In vielen Arbeiten über Teilhard klingt der Aspekt der Zielgerichtetheit seines Entwurfs an, wird aber nicht explizit behandelt.
[4] Barthélémy-Madaule: Bergson und Teilhard, passim.
[5] Pascal: Pensées, S. 186, Nr. 488.
[6] Vgl. Meadows: Die Grenzen des Wachstums, passim.
[7] Chargaff: Kritik der Zukunft, S. 66, fragt zur Zukunft im Jahre 2062: "Ob es dann schon wieder Fahrräder geben wird?"
[8] Hamsun: Segen der Erde, S. 434f.
[9] Vgl. BUND/MISEREOR (Hrsg.): Zukunftsfähiges Deutschland, passim.
[10] Vgl. Koltermann: Grundzüge, S. 266-296.
[11] Picht: Der Begriff der Natur, S. 410.
[12] Chargaff: Was ist Natur?, S. 16.
[13] "Wissen und menschliches Können ergänzen sich insofern, als ja Unkenntnis der Ursache die Wirkung verfehlen läßt. Die Natur nämlich läßt sich nur durch Gehorsam bändigen; was bei der Betrachtung als Ursache erfaßt ist, dient bei der Ausführung als Regel." (Bacon: Neues Organon, S. 81, Aphorismus 3)
[14] Vgl. Hager u.a.: Natur, in: HWP, Bd. 6 (1984), Sp. 421-478.
[15] Chargaff: Was ist Natur?, S. 30.
[16] Seiler: Philosophie der unbelebten Natur, S. 57f.
[17] Koltermann: Grundzüge, S. 24.
[18] Ballauff: Das Problem des Lebendigen, S. 10.
[19] Vgl. die entsprechenden Beiträge in: Böhme (Hrsg.): Klassiker der Naturphilosophie.
[20] Vgl. Russell: The principle of finality, S. 40f.
[21] Jaeger: Paideia, S. 206-248, hier S. 210.
[22] Picht: Der Begriff der Natur, S. 414: "Platons 'Timaios' und die 'Physik' des Aristoteles sind [...], wie Heisenberg und Weizsäcker ausgesprochen haben, die beste Einführung in die Probleme der Grundlagenkrise der Physik des 20. Jahrhunderts." Kullmann: Die Teleologie in der aristotelischen Biologie, S. 9 und 61, stellt eine Übereinstimmung zwischen der Biologie des Aristoteles und der modernen Molekularbiologie fest.
[23] Düring: Aristoteles, S. 240.
[24] Die beste Einführung in das Denken Teilhards bietet der Thomist Tresmontant sowie Teilhard selbst, in seinem Aufsatz "Herz der Materie". (Siehe Literaturverzeichnis)
[25] Vgl. Martini/Eco: Woran glaubt, wer nicht glaubt?, S. 26f. Chargaff: Kritik der Zukunft, S. 64f.
[26] Aristoteles zitiere ich im Folgenden nach den im Literaturverzeichnis angegebenen Übersetzungen.
[27] Nach Picht: Aristoteles 'De anima', S. 302, ist die korrekte Bedeutung von telos, hier mit Ziel bzw. Zweck übersetzt, "immanente Struktur", die ein Werk hervorbringt. Es kommt zur Reproduktion des Gleichen als Ergebnis des gerichteten, genetischen Prozesses.
[28] Vgl. zum Tastsinn Jonas: Das Prinzip Leben, S. 241-243.

[29] Düring: Aristoteles, S. 27: "Die *entelecheia* ist also der biologische Kulminationspunkt [...]." Picht: Aristoteles 'De anima', S. 304: "Das ist die Struktur der entelecheia: eine Bewegung, die ihr Ziel in sich selbst enthält."

[30] Die Arten sind bei Aristoteles fixiert. Er stellt sich gegen die Evolutionstheorie von Empedokles. Vgl. Düring: Aristoteles, S. 532.

[31] Beim XII. Buch der Metaphysik folge ich der Übersetzung Gadamers, da diese den geschlossenen Charakter der Abhandlung stärker herausstellt.

[32] Vgl. Busche: Teleologie, in: HWP, Bd. 10 (1998), Sp. 970-977. Nicht nur die Wortgeschichte, sondern die Entwicklung des Gedankens findet sich bei Mathes: Evolution und Finalität, S. 71-97. Vgl. auch Schwemmer: Teleologie, in: EPhW, Bd. 4 (1996), S. 228-230.

[33] Cassirer: Formen II, S. 64.

[34] Jonas: Das Prinzip Leben, S. 65.

[35] Mittelstraß: Finalismus/Finalität, in: EPhW, Bd. I (1980), S. 650f.

[36] Bertalanffy: Das biologische Weltbild, S. 137, vgl. auch S. 127-138.

[37] Russell: The principle of finality, S. 32.

[38] Spaemann: Naturteleologie und Handlung, S. 56.

[39] Düring: Aristoteles, S. 242. Vgl. auch Theiler: Zur Geschichte der teleolog. Naturbetrachtung, passim.

[40] Vgl. Blumenberg: Teleologie, in: RGG³, Bd. 6, Sp. 674-677, hier Sp. 674f.

[41] Thomas wird nach den im Literaturverzeichnis angegebenen Übersetzungen zitiert. Die Lehre der Stufenfolge findet sich bei Aristoteles (s.S. 13) sowie in Augustinus' "Gottesstaat" im 16. Kapitel des 11. Buches.

[42] Seiler: Philosophie der unbelebten Natur, S. 269.

[43] Hartmann: Teleologisches Denken, S. 7-9.

[44] Ebd. S. 6, 22 und 28.

[45] Ebd. S. 19, 48f und 135.

[46] Ebd. S. 134. Die Aussage ist wohl zeitlich bedingt (1944 geschrieben) so zugespitzt, aus Distanz zum Vorsehungsglauben des Nationalsozialismus.

[47] Laut Spaemann/Löw: Die Frage Wozu?, S. 262, findet hier eine Verwechslung zwischen Vorsatz und Zweck statt. Das Problem ist jedoch nicht diese Art des Finalnexus, sondern der Realprozeß.

[48] Hübner: Kritik der wissenschaftlichen Vernunft, S. 34-54, bes. 52f.

[49] Hartmann: Philosophie der Natur, S. 704.

[50] Ebd. S. 689.

[51] Ebd. S. 625.

[52] Ebd. S. 630.

[53] Ebd. S. 487.

[54] Spaemann: Ist der Mensch ein Anthropomorphismus?, S. 46.

[55] Jonas: Das Prinzip Leben, S. 218f, vermeidet damit ausdrücklich den Begriff Teleologie.

[56] Braitenberg: Gescheit sein, S. 142f.

[57] Braitenberg: Gescheit sein, S. 115.

[58] Paskai: Weltbild und Teleologie, S. 30.

[59] Spaemann/Löw: Die Frage Wozu?, S. 245 und 274.

[60] Dessauer: Die Teleologie in der Natur, S. 68-71.

[61] Spaemann/Löw: Die Frage Wozu?, S. 261.

[62] Vgl. Wieland: Die aristotelische Physik, S. 267-271, hier S. 267f.

[63] Blumenberg: Teleologie, in RGG³, Bd. 6, S. 674-677, hier S. 677.

[64] Hartmann: Philosophische Grundfragen der Biologie, S. 24.
[65] Vgl. Seiler: Philosophie der unbelebten Natur, S. 273.
[66] Jonas: Das Prinzip Leben, S. 68.
[67] Spinoza: Ethik, S. 70, Anhang zum ersten Teil.
[68] Ebd. S. 75.
[69] Mittelstrass: Neuzeit und Aufklärung, S. 467.
[70] Spaemann/Löw: Die Frage Wozu?, S. 274.
[71] Jonas: Das Prinzip Leben, S. 71.
[72] Hassenstein: Biologische Teleonomie, S. 62.
[73] Ebd. S. 63.
[74] Zwischen Lecomte du Noüy, ebenfalls Katholik, und Teilhard de Chardin bestand in den Grundfragen Übereinstimmung. Vgl. Shuster/Thorson: Evolution in Perspective, S. 242, 247f und 267f.
[75] Aufzählung nach: Blumenberg: Teleologie, in: RGG³, Bd. 6, Sp. 674-677, hier 677.
[76] Vgl. die Veröffentlichungen von Peter Coveney, Paul Davies, Brian Goodwin, Stuart Kauffman u.a. Viele dieser Forscher bauen auf die Ergebnisse von Ilya Prigogine.
[77] Mainzer: Materie, S. 62, vgl. auch S. 61-64 und S. 35-38.
[78] Kritik dieser Auffassungen bei Koltermann: Grundzüge, S. 71f. Sie seien voll "szientistischer Mythen".
[79] Wenzl: Wissenschaft und Weltanschauung, S. 178.
[80] Van Melsen: Evolution und Philosophie, S. 163.
[81] Benz: Schöpfungsglaube und Endzeiterwartung, S. 233, behauptet, daß Teilhard die Ideen "Hegels, Schellings und Franz von Baaders nahestehen, deren Werke ihm jedoch gänzlich unbekannt waren". Dagegen sagt Schiwy: Urkraft des Universums, S. 228, daß Teilhard während seines Philosophiestudiums scholastische Metaphysik aber auch "Aristoteles, Spinoza, Leibniz, Hegel, Spencer" studiert hätte.
[82] Teilhard wird nach den im Literaturverzeichnis angegebenen Übersetzungen unter Angabe der dort genannten Abkürzungen zitiert.
[83] "Chardin was almost Hegelian in his emphasison both the collectivity of human experience and the collective-corporate future of mankind." (Shuster/Thorson: Evolution in Perspective, S. XI)
[84] Crespy: Das theologische Denken Teilhards, S. 288-293.
[85] Vgl. De Cortes: Das Ende einer Kultur, S. 302-307.
[86] Spaemann/Löw: Die Frage Wozu?, S. 179.
[87] Muhs: Geschichte des abendländischen Geistes, S. 55.
[88] Hegels "Phänomenologie des Geistes" wird nach der in der Literaturliste angebenen kritischen Ausgabe zitiert. Die Seitenzahlen in diesem Exkurs beziehen sich darauf.
[89] Hartmann: Philosophische Grundfragen der Biologie, S. 129.
[90] Vgl. Rieppel: Unterwegs zum Anfang, S. 55-84.
[91] Hegel: Vorlesungen über die Geschichte der Philosophie II, S. 342f. "Sieht man sich genauer in ihre Strukturen hinein, so findet man, daß in der langen Reihe teleologischer Denker, die wir geschichtlich kennen, kaum zwei sind, die unter Teleologie genau dasselbe verstehen. Es ist daher bedeutsam genug, daß Aristoteles und Hegel auch in diesem Punkte einander so nahe stehen, wie selten ein Philosoph dem anderen." (Hartmann: Aristoteles und Hegel, S. 247)
[92] Hegel: Enzyklopädie, § 204, S. 209.
[93] Vgl. Ilting: Hegels Philosophie des Organischen, S. 356f.
[94] Leibniz: Monadologie, §79, S. 453f.

[95] Hegel: Enzyklopädie, a.a.O. § 251, S. 241.

[96] Vgl. Schiwy und Cuénot, als die umfangreichsten und wichtigsten.

[97] Vgl. Teilhard: Journal. Tome I, sein Tagebuch aus dem ersten Weltkrieg.

[98] Nach dem Ersten Weltkrieg erfolgte die Ernennung zum Ritter der Ehrenlegion. Für seine wissenschaftlichen Leistungen wurde er später zum Offizier der Ehrenlegion befördert.

[99] Zitiert nach: Barthélémy-Madaule: Bergson und Teilhard, S. 5.

[100] Schmidinger: Der französischsprachige Raum, S. 357.

[101] Vgl. Barthélemy-Madaule: Bergson und Teilhard, passim.

[102] Bergson: Die schöpferische Entwicklung, S. 110.

[103] Bergson: Denken und schöpferisches Werden, S. 125. Bergson, eigentlich Jude, konvertierte zum katholischen Glauben.

[104] Barthélémy-Madaule: Bergson und Teilhard, S. 218-226, bes. S. 222, vgl. auch S. 320-329. Vgl. auch Bergson: Schöpferische Entwicklung, S. 50-59: "Die Irrtümer des Finalismus und Mechanismus". (Wie Bergson unterscheidet Teilhard zwischen Dauer (intuitiv erfaßbar) und Zeit (meßbar).)

[105] "Philosophieren besteht darin, die gewohnte Richtung der Denkarbeit umzukehren." (Bergson: Denken und schöpferisches Werden, S. 214) "Um Fortschritte zu machen, muß der Angriff wohl in einer neuen Richtung geführt weden." (Teilhard: MK 58)

[106] Wenzl: Wissenschaft und Weltanschauung, S. 407. Vgl. auch Cuenot: Teilhard, S. 695 A32, der bemerkt, daß Thomas bereits eine "Vorahnung der Evolution" hatte. Dagegen spricht, daß Thomas von einer "Schöpfung ohne Nacheinander" schreibt. (cg II, 19)

[107] Zitiert nach: Cuénot, S. 384. Gemeint ist Bergsons Buch "Die beiden Quellen der Moral und der Religion" (1932).

[108] Broch: Das Problem der Freiheit, S. 103.

[109] Vgl. Rapp: Fortschritt, S. 82.

[110] Ebenso sind in diesem Zusammenhang H.G.Wells und R. Kipling zu nennen. Vgl. Engels: Urmenschmythos, S. 156-172, bes. S. 159f.

[111] Vgl. McCarthy: Teilhard-Bibliographie, passim. Diese Bibliographie, eine von vielen, verzeichnet bis 1980 4317 Titel (Aufsätze und Monographien) zu Teilhard.

[112] Vgl. Teilhard: Journal, S. 276-280.

[113] Vgl. die Bibliographie bei Cuénot, S. 715-761.

[114] Heidsieck: Der Einfluß Bergsons, S. 381. Vgl. auch Cuénot, S. 125f.

[115] Wenig bekannt ist, daß bereits 1938 (in: Distelbarth: Neues Werden, S. 300-312) der Aufsatz "Die Menschheit retten. Gedanken über die gegenwärtige Krise" (jetzt in: WC 173-201) auszugsweise in deutscher Übersetzung erschien.

[116] Hengstenberg: Mensch und Materie, S. 79-80, gibt eine kommentierte Übersicht über die Teilhard-Literatur der 50er und 60er Jahre.

[117] So erschien in der damaligen DDR Teilhards Hauptwerk - mit beigelegter Deutungshilfe.

[118] So beispielsweise Baumer: Teilhard de Chardin, S. 61f. Teilhard ist in den 30er Jahren gegen einen Abzug der Engländer aus Indien, da dieses sonst zu Grunde gehen würde. "Je mehr ich in der Fremde herumkomme, um so mehr fürchte ich, daß [...] eine Anzahl von liberalen Katholiken und ganz im besonderen meine Mitbrüder, die 'Missionswissenschaftler', einen großen Irrtum begehen, wenn sie entgegen jeder Biologie für die Gleichheit der Rassen eintreten. Universalismus ist nicht Demokratie (= Gleichmachung)." (Reisebriefe I, 224)

[119] Insbesondere der bekannte Erzbischof Marcel Lefebvre hat sich wiederholt gegen eine Modernisierung der katholischen Kirche ausgesprochen. Ihm zufolge tragen "[...] alle diese

Reformen bei zur Zerstörung der Kirche, zum Ruin des Priestertums, [...] zum Schwinden des religiösen Lebens, zum naturalistischen und teilhardistischen Unterricht an den Universitäten [...]." Zitiert nach Läpple: Ketzer und Mystiker, S. 256.

[120] So schrieb Agostino Kardinal Casaroli im Namen des Papstes anläßlich des 100. Geburtstages Teilhards. Zitiert nach Glässer: Evolutive Welt, S. 7.

[121] Vgl. Haas: Teilhard-Lexikon, Bd. 2, S. 157.

[122] Zitiert nach Ebd.

[123] Teilhards Buch "Early Man in China" (Peking 1941) ist in der paläontologischen Standardliteratur der 50er und 60er Jahre oft zitiert worden. Er war seinerzeit ein anerkannter empirischer Forscher. Vgl. Grahmann/Müller-Beck: Urgeschichte der Menschheit, S. 188 und 213.

[124] Von Muralt: Die Einheit der heutigen Philosophie, S. 56.

[125] Rieppel: Unterwegs zum Anfang, S. 219.

[126] Ebd. S. 18.

[127] Hübner: Kritik der wissenschaftlichen Vernunft, S. 332f, wendet dagegen ein, daß der "hermeneutische Zirkel" so nicht existiere, da zwischen der Theorie und dem Material die Erfahrung liege.

[128] Problematisch oder unmöglich ist der Nachweis artüberschreitender Mutation. Vgl. Löw: Die neuen Gottesbeweise, S. 113.

[129] Illies: Schöpfung oder Evolution, S. 94, vgl. auch S. 112.

[130] Hinske: Der Mensch als Achse, S. 172: "Auf der Ebene der 'Erscheinung' wird man sagen können: Die Evolution ist für Teilhard das Transzendente schlechthin."

[131] Zitiert nach: Stegmüller: Probleme und Resultate, S. 761.

[132] Vgl. Hengstenberg: Mensch und Materie, S. 64-88.

[133] Dieser ist für das "naturteleologische Verstehen zweckvoller Prozesse" angemessen. Vgl. Löw: Die neuen Gottesbeweise, S. 139-142, 149. Die Frage ist, ob einem elementaren Baustein bei Teilhard Komplexität zukommt, die ja Voraussetzung für Bewußtsein ist? (Kremmeter: Evolution, S. 29)

[134] Stegmüller: Probleme und Resultate, S. 764.

[135] Vgl. Spaemann/Löw: Die Frage Wozu?, S. 277.

[136] Stegmüller: Probleme und Resultate, S. 765f.

[137] Vgl. Mainzer: Materie, S. 56-64.

[138] Von der Annahme des Wärmetodes ließe sich auf die Endlichkeit der Welt schließen, was Schöpfung und Jüngstes Gericht integrieren könnte.

[139] Rensch: Das universale Weltbild, S. 109f.

[140] Vgl. MK 252f, AM 327, Teilhard zum Gesetz der Konvergenz des Reflektierten.

[141] Portmann: Der Pfeil des Humanen, S. 48, 50 und 58.

[142]"Die Probleme der Kosmologie sind - philosophisch und praktisch-wissenschaftlich gesehen - so unhandlich, weil unser Universum so schrecklich einmalig ist." (Bondi: Mythen und Annahmen, S. 73)

[143] Der französische Originaltitel lautet "Le phénomèn humain" und heißt wörtlich übersetzt "Das menschliche Phänomen". Der Übersetzer hat sich, da man Teilhard in die Reihe der Bemühungen um eine philosophische Anthropologie stellen kann, vermutlich von Schelers "Die Stellung des Menschen im Kosmos" leiten lassen. Laut Hinske "[...] wird man Le Phénomène Humain, es spricht viel dafür, unter jene seltenen Bücher rechnen müssen, die das Bewußtsein nicht

unverändert lassen - die von der Evolution des Gehirns nicht nur berichten, sondern an ihr arbeiten." (Hinske: Der Mensch als Achse, S. 177)

[144] Daß das Miller-Experiment (Ursuppe) keine eindeutigen Aussagen zuläßt, ist bekannt. Vgl. Koltermann: Grundzüge, S. 124 und Hübner: Die biblische Schöpfungsgeschichte, passim. Die Entstehung von Leben ist unwahrscheinlich aber nicht unvorstellbar. Man kann im nachhinein jedes Ereignis beliebig unwahrscheinlich machen. Also muß das Leben kein Zufallstreffer sein, wie z.B. Monod behauptet. (Vgl. Spaemann/Löw: Die Frage Wozu?, S. 253)

[145] Brechtken: Evolution und Transzendenz, S. 103. Brechtken bestreitet, daß die Gottesfrage etwas mit der Evolution zu tun habe. "Dies ist nichts anderes als reine Spekulation, eine Art Evolutionsmetaphysik, die objektiv und sachlich durch nichts zu rechtfertigen ist." (S. 48) Er trennt zwischen Evolution und Transzendenz und fordert: "Evolutionsgeschichte ohne Entelechie und ohne Finalismus als Fundament der Transzendenzauffassung." (S. 73)

[146] Broch: Das Problem der Freiheit, S. 110.

[147] Freud: Gesammelte Werke XIV, S. 109 spricht von den drei Kränkungen der menschlichen Eigenliebe. Vgl. auch: Freud: Gesammelte Werke XII, S 7f.

[148] "Ebensowenig wie die Paläontologie die Schöpfung aufhebt; und ebensowenig wie die Embryologie ein Hindernis bildet für die Erstursache; ebensowenig steht auch die Beschreibung der *Noosphäre* und ihrer biologischen Zusammenhänge im Gegensatz zur göttlichen Transzendenz [...]." (ZM 207)

[149] Bis auf einige Insektenarten (Schädlinge) ist dies wohl gelungen.

[150] Man könnte das Internet als Bestätigung dieser These auffassen.

[151] Das ist natürlich idealistisch gedacht. Die Arbeitslosigkeit betrifft meist die, die ihr Leben lang ausschließlich "Handarbeit" verrichtet haben. Auch bei diesen, so Teilhard, müßte dann ein Bewußtseinssprung einsetzen, der sie zur “Geistarbeit" befähigt.

[152] Hier treffen Nietzsche und Teilhard zusammen.

[153] Vgl. auch MK 135 Anmerkung 1.

[154] Die Frage, ob "die bis zu Ende vorangetriebene Biologie uns dahin bringen [kann], in das Transzendente zu emergieren", beantwortet Teilhard mit ja. (WC 275)

[155] Pleroma ist ein Begriff der Gnosis und bedeutet "Lichtmeer" bzw. "Quell des Guten".

[156] Meint den Opfercharakter des heiligen Abendmahls.

[157] Eine bewährte Methode, die mit der Einschmelzung des Christentums in die alexandrinische Philosophie durch Clemens und Origenes beginnt und die Teilhard sich zum Vorbild nimmt. Das Christentum bzw. der christliche Universalismus hat “[..] stets danach gestrebt, die Totalität des erschauten Weltbildes seinem Aufbau und seinen Errungenschaften einzugliedern." (MK 289)

[158] "Alpha und Omega" ist eigentlich Symbol für das anfang- und endlose Sein Christi.

[159] Den Begriff "christisch" (christique) hat Teilhard in Analogie zu "kosmisch" gebildet, um den Einfluß Christi auf die Entwicklung des Universums zu verdeutlichen. (Vgl. Haas: Teilhard-Lexikon I, S. 159)

[160] Crespy: Das theologische Denken, S. 94.

[161] Ebd. S. 95.

[162] Guardini: Liturgische Bildung, S. 56. Guardini ist wie Teilhard der Auffassung, daß die Einheit der Menschheit nur mit religiösen Kräften verwirklicht werden kann.

[163] Wildiers: Teilhard, S. 95. Die Interpretation bezieht sich auf Kol 1, 17. Vgl. auch Mathes: Evolution und Finalität, S. 248f und Scheffczyk: Einführung, S. 47. Teilhard erwähnt diesen Paulus-Brief oft.

[164] Eliade: Kosmos und Geschichte, S. 176.

[165] De Corte: Das Ende einer Kultur, S. 302. Vgl. auch von Wahlert: Teilhard, passim.

[166] Gosztonyi: Der Mensch und die Evolution, S. 262.

[167] Teilhard will sogar indirekt die "Hegelschen Konflikte des 'Herrn und Sklaven'" überwinden. (ZM 276)

[168] Rapp: Fortschritt, S. 84.

[169] Der Mensch macht die Evolution aktiv und endgültig final. (ZM 268) Er verwirklicht so die angelegten Möglichkeiten.

[170] Löwith zitiert nach Rapp: Fortschritt, S. 121.

[171] Düring: Aristoteles, S. 27 und 528f.

[172] Herder: Ideen zur Philosophie der Geschichte, S. 114.

[173] Crespy: Das theologische Denken, S. 287.

[174] Hengstenberg: Mensch und Materie, S. 243.

[175] Ebd. S. 31.

[176] Vgl. Broch: Das Problem der Freiheit, S. 94-102.

[177] Vgl. Ebd. S. 112-116.

[178] Ebd. S. 492f. Vgl. auch Teilhard: Pantheismus und Christentum (MG 71-92).

[179] Vgl. Redaktion: Kondeszendenz, in: HWP, Bd. 4 (1976), S. 942-946 sowie Gründer: Figur und Geschichte, S. 28-72.

[180] Koltermann: Grundzüge, S. 191.

[181] Scheler: Philosophische Weltanschauung, S. 15.

[182] Heidegger: Beiträge zur Philosophie, S. 413.

[183] Muralt: Die Einheit im Denken der heutigen Philosophie, S. 75. Vgl. Teilhard (LE 263f).

[184] Hengstenberg: Mensch und Materie, S. 243. Hengstenberg behauptet, daß die Materie bei Teilhard schon immer göttlich sei, so daß der Geburt Christi keine Bedeutung mehr zukommt. (Ebd. S. 225-229)

[185] Haas: Teilhard-Lexikon II, S. 155.

[186] Jacques Maritain galt seinerzeit als Haupt des Neuthomismus und als ein Widersacher Teilhards. In seinem letzten Buch "Der Bauer von der Garonne" geht er mit Teilhard hart ins Gericht. Vgl. Schiwy: Teilhard II, S. 268f.

[187] Heer/Szczesny: Glaube und Unglaube, S. 37 und 66.

[188] Ebd. S. 138.

[189] Gebser, Jean: In der Bewährung, S. 79.

[190] Ders.: Abendländische Wandlung, S. 164.

[191] Spann: Kategorienlehre, S. 60. Vgl. auch seine Naturphilosophie, die Natur als vermittelte Ganzheit versteht.

[192] Vgl. Hübner: Kritik der wissenschaftlichen Vernunft, S. 304-308.

[193] Dávila: Auf verlorenem Posten, S. 192.

[194] Russell: The principle of finality, S. 347. Vgl. auch ebd. S. 357.

[195] Barthélémy-Madaule: Bergson und Teilhard, S. 198.

[196] Schischkoff (Hrsg.): Philosophisches Wörterbuch, S. 303f.

[197] Russell: The principle of finality, S. 41.

[198] Düring: Aristoteles, S. 433.

[199] Von Weizsäcker: Christlicher Glaube, S. 29.

[200] Ebd. S. 36f.

[201] Auch den Existentialismus, ob katholisch oder atheistisch, der vierziger und fünfziger Jahre lehnt Teilhard ab. Vgl. Schiwy: Teilhard II, S. 254.

[202] Illies: Schöpfung oder Evolution, S. 107. Dieser Optimismus, der im Begriff der "Einrollung" besonders gut zum Ausdruck kommt, blieb nicht unwidersprochen. Neben dem schon genannten Chargaff ist hier besonders Konrad Lorenz zu nennen. Bei ihm mündet die "Einrollung" nicht in der "Super-Reflexion" sondern im Untergang der Zivilisation. "Innerhalb der modernen Zivilisation gibt es - außer den 'natürlichen Rechtsgefühlen' und manchen überlieferten Rechtstraditionen - keine Faktoren, die einen Selektionsdruck auf die Entwicklung und Aufrechterhaltung sozialer Verhaltensnormen ausüben, wiewohl diese mit dem Anwachsen der Sozietät immer nötiger werden." (Lorenz: Die acht Todsünden, S. 108)

[203] Heidegger: Satz vom Grund, S. 210f.

[204] Scheffczyk: Einführung, S. 22.

[205] U.a. B. Bavink, P. Jordan, C.F. von Weizsäcker, P. Lecomte du Noüy sowie K. Hübner.

[206] Wie aktuell dieses Thema ist, kann man beispielsweise an den Debatten um die Thesen von Peter Sloterdijk und Michel Houellebecq im Jahr 2000 als auch an der Einsetzung eines "Nationalen Ethikrates" zur Klärung des Umfanges der Stammzellenforschung im Jahr 2001 sehen.

LITERATURVERZEICHNIS

Die im Text und den Fußnoten angegebenen Abkürzungen finden sich in Klammern vor den entsprechenden Literaturangaben. Aus Platzgründen sind die vollständigen Titel grundsätzlich nur im Literaturverzeichnis genannt. In den Fußnoten werden nur Kurztitel angegeben.

Quellen

Aristoteles

Der Protreptikos des Aristoteles. Einleitung, Text, Übersetzung und Kommentar von Ingemar Düring, Frankfurt am Main ²1993

Aristoteles' Physik (Vorlesung über Natur). Übersetzt, mit einer Einleitung und mit Anmerkungen herausgegeben von Hans Günter Zekl. Griechisch-deutsch, 2 Halbbände, Hamburg 1987/1988

Über die Seele. Mit Einleitung, Übersetzung (nach W. Theiler) und Kommentar herausgegeben von Horst Seidl. Griechisch-deutsch, Hamburg 1995

Aristoteles' Metaphysik. Neubearbeitung der Übersetzung von Hermann Bonitz. Mit Einleitung und Kommentar herausgegeben von Horst Seidl. Griechisch-deutsch, 2 Halbbände, Hamburg ³1989, ³1991

Metaphysik XII. Übersetzung und Kommentar von Hans-Georg Gadamer, Frankfurt am Main ⁴1984

Thomas von Aquin

(th) Summa theologica. Herausgegeben vom Katholischen Akademikerverband; 2. Band (14-26) Salzburg/Leipzig ³1934; 4. Band (44-64) Salzburg/Leipzig ³1936 (= Die deutsche Thomas-Ausgabe)

(cg) Summe gegen die Heiden. Herausgegeben von Karl Albert und Paulus Engelhardt; 1. Band (Buch I) Darmstadt ²1987; 2. Band (Buch II) Darmstadt ²1992

Francis Bacon: Neues Organon. Teilband 1, ed. Wolfgang Krohn (Lateinisch-deutsch), Hamburg 1990

Baruch Spinoza: Ethik, übersetzt von Jakob Stern, ed. Helmut Seidel, Leipzig 1975

Gottfried W. Leibniz: Monadologie, in: ders.: Hauptschriften zur Grundlegung der Philosophie. II. Band, übersetzt von Arthur Buchenau, ed. Ernst Cassirer, Leipzig ²1924, S. 435-456

Blaise Pascal: Pensées (Gedanken), ed. M. Laros (nach Brunschwicg), Kempten/München 1913

Johann Gottfried Herder: Ideen zur Philosophie der Geschichte der Menschheit, Erster und Zweiter Teil, Sämmtliche Werke Band XIII, ed. Bernhard Suphan, Berlin 1887

Georg W. F. Hegel
Phänomenologie des Geistes. Gesammelte Werke Band 9, hrsg. von W. Bonsiepen und R. Heede, Hamburg 1980
Enzyklopädie der philosophischen Wissenschaften im Grundrisse (1830). Gesammelte Werke Band 20, hrsg. von W. Bonsiepen u. H.-C. Lucas, Hamburg 1992
Vorlesungen über die Geschichte der Philosophie II. Sämtliche Werke XVIII, hrsg. von Hermann Glockner, Stuttgart 1928

Henri Bergson
Schöpferische Entwicklung. Übersetzt von Gertrud Kantorowicz, Jena 1912
Denken und schöpferisches Werden. Übersetzt von Leonore Kottje, Meisenheim 1948

Pierre Teilhard de Chardin
(MK) Der Mensch im Kosmos, übersetzt von Othon Marbach, München [5]1959
(AM) Das Auftreten des Menschen, übersetzt von Lorenz Häfliger und Karl Schmitz-Moormann, Olten/Freiburg 1964 (= Werke 3)
(SV) Die Schau in die Vergangenheit, übersetzt von Joseph Bader u.a., Olten 1965 (= Werke 4)
(ZM) Die Zukunft des Menschen, übersetzt von Lorenz Häfliger und Karl Schmitz-Moormann, Olten/Freiburg 1963 (Werke 5)
(ME) Die menschliche Energie, übersetzt von Karl Schmitz-Moormann, Olten 1966 (= Werke 6)
(LE) Die lebendige Macht der Evolution, übersetzt von Karl Schmitz-Moormann, Olten 1967 (= Werke 7)
(WC) Wissenschaft und Christus, übersetzt von Karl Schmitz-Moormann, Olten 1970 (=Werke 9)
(MG) Mein Glaube, übersetzt von Karl Schmitz-Moormann, Olten 1972 (= Werke 10)
(MW) Mein Weltbild, übersetzt von Karl Schmitz-Moormann, Olten [2]1976
Das Herz der Materie, übersetzt von Richard Brüchsel u.a., Olten 1990 (hier TB-Ausgabe Zürich/Düsseldorf 1999)
Journal. Tome I (26.8.1915 - 4.1.1919), ed. Nicole und Karl Schmitz-Moormann, Paris 1975
(Reisebriefe I) Geheimnis und Verheißung der Erde. Reisebriefe 1923 - 1939, ed. Claude Aragonnès, übersetzt von Eva Feichtinger, Freiburg [3]1963
(Reisebriefe II) Pilger der Zukunft. Neue Reisebriefe 1939 - 1955, ed. Claude Aragonnès, übersetzt von Eva Feichtinger, Freiburg/München [4]1965

Lexika

(RGG[3]) Religion in Geschichte und Gegenwart, 3. Auflage, herausgegeben von Kurt Galling, 6 Bände, 1957-1962 (SA 1986)
(HWP) Historisches Wörterbuch der Philosophie, herausgegeben von Joachim Ritter, Basel 1971ff
(EPhW) Enzyklopädie Philosophie und Wissenschaftstheorie, herausgegeben von Jürgen Mittelstraß, 4 Bände, Mannheim u.a. 1984-1996
Philosophisches Wörterbuch, herausgegeben von Georgi Schischkoff, Stuttgart [22]1991

Darstellungen

- Ballauff, Theodor: Das Problem des Lebendigen. Eine Übersicht über den Stand der Forschung, Bonn 1949
- Barthélémy-Madaule, Madeleine: Bergson und Teilhard de Chardin. Die Anfänge einer neuen Welterkenntnis, Olten 1970
- Baumer, Franz: Teilhard de Chardin, Berlin 1971
- Benz, Ernst: Schöpfungsglaube und Endzeiterwartung. Antwort auf Teilhard de Chardins Theologie der Evolution, München 1965
- Bernier, R.: Recherche sur le notions de phylétisations, d'orthogénèse et de finalité chez Teilhard de Chardin, Physis 8 (1966), S. 317-331
- Bertalanffy, Ludwig von: Das biologische Weltbild. Erster Band: Die Stellung des Lebens in Natur und Wissenschaft, Bern 1949
- Bertrand-Serret, René: Déterminisme et finalité, entropie et syntropie, in: La pensée catholique 13 (1958), S. 7-16
- Böhme, Gernot (Hrsg.): Klassiker der Naturphilosophie. Von den Vorsokratikern bis zur Kopenhagener Schule, München 1989
- Bondi, Hermann: Mythen und Annahmen in der Physik, Göttingen 1971
- Braitenberg, Valentin: Gescheit sein und andere unwissenschaftliche Essays, Zürich 1987
- Brechtken, Josef: Evolution und Transzendenz. Über unser wissenschaftliches Weltbild von heute und die Frage nach Gott unter besonderer Berücksichtigung der evolutionstheoretischen Theodizee bei Pierre Teilhard de Chardin und Hoimar von Ditfurth, Frankfurt am Main 1983
- Broch, Thomas: Das Problem der Freiheit im Werk von Pierre Teilhard de Chardin, Mainz 1977 (= Tübinger theologische Studien; 10)
- BUND/MISEREOR (Hrsg.): Zukunftsfähiges Deutschland. Ein Beitrag zu einer global nachhaltigen Entwicklung, Basel u.a. 1996
- McCarthy, Joseph M.: Pierre Teilhard de Chardin. A Comprehensive Bibliography, New York/London 1981
- Cassirer, Ernst: Philosophie der symbolischen Formen. Zweiter Teil: Das mythische Denken, Darmstadt [9]1994
- Chargaff, Erwin: Kritik der Zukunft, Stuttgart 1983

- Ders.: Was ist Natur?, in: Scheidewege 24 (1994/95), S. 16-33
- Corte, Marcel de: Das Ende einer Kultur, München 1957
- Crespy, Georges: Das theologische Denken Teilhard de Chardins, Stuttgart 1963
- Cuénot, Claude: Pierre Teilhard de Chardin. Leben und Werk, Olten 1966
- Dávila, Nicolás Gómez: Auf verlorenem Posten. Neue Scholien zu einem inbegriffenen Text, Wien 1992
- Dessauer, Friedrich: Die Teleologie in der Natur, München 1949
- Dijksterhuis, Eduard Jan: Die Mechanisierung des Weltbildes, Berlin u.a. 1956
- Distelbarth, Paul (Hrsg.): Neues Werden in Frankreich. Zeugnisse führender Franzosen, Stuttgart 1938
- Düring, Ingemar: Aristoteles. Darstellung und Interpretation seines Denkens, Heidelberg 1966
- Eliade, Mircea: Kosmos und Geschichte, Frankfurt am Main/Leipzig 1994
- Engels, Norbert: Urmenschmythos und Reichsgedanke bei Martin Buber und Pierre Teilhard de Chardin. Ein Beitrag zu einer Metaphysik der Wirklichkeit, phil.Diss. Münster 1976
- Gebser, Jean: Abendländische Wandlung. Abriß der Ergebnisse moderner Forschung, Berlin 1956
- Ders.: In der Bewährung. Zehn Hinweise auf das neue Bewußtsein, Bern 1962
- Freud, Siegmund: Eine Schwierigkeit der Psychoanalyse, in: Gesammelte Werke XII, Frankfurt am Main [6]1986, S. 3-12
- Ders.: Die Widerstände gegen die Psychoanalyse, in: Gesammelte Werke XIV, Frankfurt am Main [5]1976, S. 99-110
- Glässer, Alfred: Evolutive Welt und christlicher Glaube, Regensburg 1984
- Gosztonyi, Alexander: Der Mensch und die Evolution. Teilhard de Chardins philosophische Anthropologie, München 1968
- Grahmann, Rudolf / Müller-Beck, Hansjürgen: Urgeschichte der Menschheit, Stuttgart u.a. [3]1967
- Gründer, Karlfried: Figur und Geschichte. Johannes Georg Hamanns "Biblische Betrachtungen" als Ansatz einer Geschichtsphilosophie, Freiburg i.B. 1958
- Guardini, Romano: Liturgische Bildung. Versuche, Burg Rothenfels am Main 1923
- Guérard des Cauriers, M.L.: Finalité et animisme, in: Aquinas 6 (1963), 224-238
- Haas, Adolf: Teilhard de Chardin-Lexikon. Grundbegriffe-Erläuterungen-Texte, 2 Bände, Freiburg u.a 1971
- Hamsun, Knut: Segen der Erde. Roman, München 1920
- Hartmann, Nicolai: Philosophische Grundfragen der Biologie, Göttingen 1912
- Ders.: Philosophie der Natur. Abriß der speziellen Kategorienlehre, Berlin 1950
- Ders.: Aristoteles und Hegel (1923), in: ders.: Kleinere Schriften Bd. II: Abhandlungen zur Philosophiegeschichte, Berlin 1957, S. 214-252
- Ders.: Teleologisches Denken, Berlin [2]1966
- Hassenstein, Bernhard: Biologische Teleonomie, in: Bubner, Rüdiger u.a. (Hrsg.): Teleologie, Göttingen 1981, S. 60-71 (Neue Hefte für Philosophie; 20)

- Heer, Friedrich / Szczesny, Gerhard: Glaube und Unglaube. Ein Briefwechsel, München 1960
- Heidegger, Martin: Der Satz vom Grund, Pfullingen [5]1978
- Ders.: Beiträge zur Philosophie (Vom Ereignis), Frankfurt am Main 1989 (GA Band 65)
- Heidsieck, Francois: Der Einfluss Bergsons auf das katholische Denken, in: Coreth, Emerich u.a. (Hrsg.): Christliche Philosophie im katholischen Denken des 19. und 20. Jahrhunderts. Band 3, Graz u.a. 1990, S. 375-383
- Hengstenberg, Hans-Eduard: Mensch und Materie. Zur Problematik Teilhard de Chardins, Dettelbach [2]1998
- Hinske, Norbert: Der Mensch als Achse und Spitze der Entwicklung. Ein Bericht über Pierre Teilhard de Chardin, in: Kommunität 5 (1961), S. 171-177
- Ders.: Pierre de Chardin und die Lage des Menschen. Zu den geschichtlichen Voraussetzungen seines Denkens, in: Neue Deutsche Hefte 9 (1962), S. 21-38
- Hübner, Kurt: Kritik der wissenschaftlichen Vernunft, Freiburg/München [3]1986
- Ders.: Die biblische Schöpfungsgeschichte im Lichte moderner Evolutionstheorien, in: Andretsch, Jürgen/Mainzer, Klaus (Hrsg.): Vom Anfang der Welt. Wissenschaft, Philosophie, Religion, Mythos, München [2]1990, S. 188-203
- Ilting, Karl Heinz: Hegels Philosophie des Organischen, in: Petry, Michael John (Hrsg.): Hegel und die Naturwissenschaften, Stuttgart-Bad Cannstatt 1987, S. 349-376
- Illies, Joachim: Schöpfung und Evolution. Ein Naturwissenschaftler zur Menschwerdung, Zürich 1979
- Jaeger, Werner: Paideia. Die Formung des griechischen Menschen, Band 1, Berlin/Leipzig 1934
- Jonas, Hans: Das Prinzip Leben. Ansätze zu einer philosophischen Biologie, Frankfurt am Main/Leipzig 1994
- Koltermann, Rainer: Grundzüge der modernen Naturphilosophie. Ein kritischer Gesamtentwurf, Frankfurt am Main 1994
- Kremmeter, Anton-Franz: Evolution - Faktizität und historischer Ablauf, in: Acta Teilhardiana 4 (1967), S. 16-33
- Kullmann, Wolfgang: Die Teleologie in der aristotelischen Biologie, Heidelberg 1979
- Läpple, Alfred: Ketzer und Mystiker. Extremisten des Glaubens. Versuch einer Deutung, München 1988
- Löw, Reinhard: Die neuen Gottesbeweise, Augsburg 1994
- Löwith, Karl: Teilhard de Chardin. Evolution, Fortschritt und Eschatologie, in: ders.: Sämtl. Schriften 3, Stuttgart 1985, S. 305-330
- Lorenz, Konrad: Die acht Todsünden der zivilisierten Menschheit, München 1973
- Mainzer, Klaus: Materie. Von der Urmaterie zum Leben, München 1996

- Martini, Carlo Maria/Eco, Umberto: Woran glaubt, wer nicht glaubt?, München 1999 (TB-Ausgabe)
- Mathes, Richard: Evolution und Finalität. Versuch einer philosophischen Deutung, Meisenheim 1971
- Meadows, Dennis L.: Die Grenzen des Wachstums. Bericht des Club of Rome zur Lage der Menschheit, Stuttgart [15]1990
- Medawar, Peter B.: Die Kunst des Lösbaren. Reflektionen eines Biologen, Göttingen 1972
- Melsen, Andreas G.M. van: Evolution und Philosophie, Köln 1966
- Mittelstrass, Jürgen: Neuzeit und Aufklärung. Studien zur Entstehung der neuzeitlichen Wissenschaft und Philosophie, Berlin/New York 1970
- Muhs, Karl: Geschichte des abendländischen Geistes. Grundzüge einer Kultursynthese, Bd. 2, Berlin 1954
- Muralt, André von: Die Einheit der heutigen Philosophie, Einsiedeln 1966
- Paskai, László: Weltbild und Teleologie bei Teilhard. Zur Rolle der Teleologie in einer konvergierenden Evolution, in: Acta Teilhardiana 7 (1970), S. 24-31
- Picht, Georg: Aristoteles' "De anima", Stuttgart 1987
- Ders.: Der Begriff der Natur und seine Geschichte, Stuttgart [3]1993
- Pirout, André: Réflexion sur la finalité dans la nature, in: Études teilhardiennes 2 (1969), 39-80
- Portmann, Adolf: Der Pfeil des Humanen. Über Pierre Teilhard de Chardin, Freiburg/München 1960
- Rapp, Friedrich: Fortschritt. Entwicklung und Sinngehalt einer philosophischen Idee, Darmstadt 1992
- Rensch, Bernhard: Das universale Weltbild. Evolution und Naturphilosophie, Darmstadt 1991
- Rieppel, Olivier: Unterwegs zum Anfang. Geschichte und Konsequenzen der Evolutionstheorie, Zürich/München 1989
- Russel, John L.: The principle of finality in the philosophy of Aristotle and Teilhard de Chardin, in: The Heythrop Journal 3 (1962), S. 347-357, 4 (1963) S. 32-41
- Scheler, Max: Philosophische Weltanschauung, Bern [3]1968
- Scheffczyk, Leo: Einführung in die Schöpfungslehre, Darmstadt 1975
- Schiwy, Günther: Teilhard de Chardin. Sein Leben und seine Zeit, 2 Bände, München 1981
- Ders.: Die Urkraft des Universums. Teilhard de Chardin und die moderne Naturphilosophie, in: Arzt, Thomas u.a. (Hrsg.): Philosophia Naturalis. Beiträge zu einer zeitgemäßen Naturphilosophie, Würzburg 1996, S. 227-242
- Schmidinger, Heinrich M.: Der französischsprachige Raum im 20. Jahrhundert, in: Coreth, Emerich u.a. (Hrsg.): Christliche Philosophie im katholischen Denken des 19. und 20. Jahrhunderts. Band 3, Graz u.a. 1990, S. 354-363

- Schmitz-Moormann, Karl: Nachwort, in: Teilhard de Chardin, Pierre: Auswahl aus dem Werk, Olten/Freiburg 1964, S. 273-307
- Seiler, Julius: Philosophie der unbelebten Natur, Olten 1948
- Shuster, George N./Thorson, Ralph E. (Hrsg): Evolution in Perspective. Commentaries in honor of Pierre Lecomte du Noüy, Notre Dame/London 1970
- Spaemann, Robert/Löw, Reinhard: Die Frage Wozu? Geschichte und Wiederentdeckung des teleologischen Denkens, München/Zürich [3]1991
- Spaemann, Robert: Ist der Mensch ein Anthropomorphismus?, in: Zweckmäßigkeit und menschliches Glück. Bamberger Hegelwochen 1993, Bamberg 1994, S. 35-55
- Ders.: Naturteleologie und Handlung, in: ders.: Philosophische Essays, Stuttgart 1994, S. 41-59
- Spann, Othmar: Kategorienlehre, Jena 1924
- Ders.: Naturphilosophie, Jena 1937
- Stegmüller, Wolfgang: Probleme und Resultate der Wissenschaftstheorie und Analytischen Philosophie, Band 1, Teil E (Teleologische Erklärung u.a.), Berlin u.a. [2]1983
- Theiler, Willy: Zur Geschichte der teleologischen Naturbetrachtung bis auf Aristoteles, Berlin [2]1965
- Tresmontant, Claude: Einführung in das Denken Teilhard de Chardins, Freiburg/München 1963
- Wahlert, Gerd von: Teilhard de Chardin und die moderne Theorie der Evolution der Organismen, Stuttgart 1966
- Wahsner, Renate: Zur Kritik der Hegelschen Naturphilosophie. Über ihren Sinn im Lichte der heutigen Naturerkenntnis, Frankfurt am Main 1996 (Hegeliana; 7)
- Weizsäcker, Carl Friedrich von: Christlicher Glaube und Naturwissenschaft, Berlin 1959 (Evangelische Stimmen zur Zeit; 2)
- Wenzl, Aloys: Wissenschaft und Weltanschauung. Natur und Geist als Probleme der Metaphysik, Leipzig [2]1949
- Wieland, Wolfgang: Die aristotelische Physik. Untersuchungen über die Grundlegung der Naturwissenschaft und die sprachlichen Bedingungen der Prinzipienforschung bei Aristoteles, Göttingen [3]1992, bes. S. 254-277
- Wildiers, N.M.: Teilhard de Chardin, Freiburg 1962